熊谷早智子

家庭モラル・ハラスメント

講談社+α《プラスアルファ》新書

はじめに――夫の精神的暴力に苦しむ妻たちへ

みなさんは、「モラル・ハラスメント」（モラハラ）という言葉をご存じだろうか？

直訳すれば、「精神的嫌がらせ」であるが、「精神的虐待《ぎゃくたい》」や「精神的暴力」を意味する。私が一九年間の結婚生活で夫から受けてきたのは、「嫌がらせ」を通り越し、「虐待」そのものだった。

毎日、夫の放つ一言で血の気が引き、一挙手一投足、目の動きにすら恐怖を覚え、足音におびえ、バタンと閉まるドアの音で夫の機嫌を探る――。日々の暮らしのなかで、朝から晩までオドオドと夫の顔色を窺《うかが》いながら生きてきた。

誰かに話せば「そんなのどこにでもあることよ」「みんな我慢しているのよ」と言われる。そうなんだろうか。私は我慢が足りないのだろうか。そう問い続けてきた。

十数年の月日が流れ、私はこの世に「モラル・ハラスメント」というものがあることを知った。

フランスの精神科医マリー＝フランス・イルゴイエンヌによって提唱された概念である「モラル・ハラスメント」は、人間対人間の感情のはざまに介在する、じつに巧妙な暴力である。セクハラ、パワハラ、ドクハラ、誹謗中傷《ひぼうちゅうしょう》、嫌がらせ、いじめ等々、社会のさまざまな場面で、それは起こる。

そして、家庭内で起きるモラル・ハラスメントは、「家」という密室で行われるため、他人の目に触れることがない。

かつて神の前で、永遠の愛を誓ったはずの相手が、家庭という狭い空間のなかで、今や悪魔のように〝黒いオーラ〟をまとい、耳をふさぎたくなるような言葉を吐き散らし、血も凍るような冷たい眼差《まなざ》しを向ける。そして夫は、家から一歩外に出れば、温厚な人格者に早変わりする。

なぜ夫の「内の顔」と「外の顔」が驚くほど違うのか。
なぜ私は夫からいつも怒鳴《どな》られ、くりかえし無視されるのか。
なぜ夫は、はっきりと要求を言葉にしないのか。
なぜ私は病気になると怒られるのか。なぜ夫は、生活費を渡さないのか。
結婚前にはあれほど優しかった人が、なぜ結婚直後に豹変《ひょうへん》したのか。

何もかも、わからないことだらけだった。すべての責任はお前にあると、夫は何度も言った。私も、自分がダメなのだと思っていた。でも、それは違った。

幸せになれないのは、自分のわがままのせいでも、努力が足りないからでもない。夫にとって、ハラスメントの対象は誰でもよかった。自分より弱い人間だったら誰でもよかったのだ。

「モラル・ハラスメント」について、いろいろ調べていくうちに、自分が、夫の感情の犠牲者になるために選ばれたことを私は知った。

モラハラは、通常、暴力を伴《ともな》わない。では、どうやって妻を追いつめるのか。夫は、「俺はお前に対して非常な怒りを感じている」という態度を示す。これがモラハラの一番やっかいなところである。なにしろ「態度」は証拠にならない。口をきかない、無視をする、食事を一緒にとらない、家事の不出来をつぎつぎと指摘する、わざと大きな音をたててドアを閉めたり、大きなため息をついたりする。いったん始まると数週間から数ヵ月続くこともある。これが家庭内モラハラ最大の特徴である。

決まり文句は「俺を怒らせるお前が悪い」だ。そう言えば、妻が、また夫を怒らせてしまったという罪悪感をもつことを計算して言っている。妻は家庭の平和のために、何とか機嫌をとろうとしたり、話し合いを求めたりするが、夫は話しかけても無視をする。妻は夫の怒りを買わないよう、日頃から夫の顔色を窺う癖《くせ》がついてしまう。そうするように夫が「調教」するのだ。

私は精神科医でも心理学者でもカウンセラーでもない。夫からモラル・ハラスメントを受けていた一女性として、自らの体験をお伝えしたいと思う。モラハラの実態、加害者の思考・行動傾向、また私がどのようにモラハラから生還したかをお話ししたい。

最終的に、私は離婚という道を選んだが、本書の目的は、決して離婚をお勧めすることではない。自分がモラハラの被害者であることに気づき、あまり賛成はしないが共生せざるをえない場合、まずは加害者の特性を知ることが大切である。それによって、どうしたら自分の精神的ダメージを少なくできるかが見えてくる。

幸か不幸か、私の元夫は、モラハラの教科書から飛び出てきたような、模範的モラ夫《お》（モラル・ハラスメントを行う夫）であった。大いに参考にしていただけると思う。

私の人生は、「モラル・ハラスメント」という言葉に出逢えたことで、大きく変わった。自分の苦しみに名前があったことを知って、私は救われたのである。

二月の雪
三月の風
四月の雨が
五月の花を連れてくる

二月の雪や三月の風や四月の雨が五月に美しい花を咲かせる。今は吹雪《ふぶき》でも、きっと五月には輝く春がやってくる。今の苦しみは決して永遠には続かない。

同じ苦しみを味わっているかもしれないあなたに、本書を通して希望の光を見出していただけたら、このうえない幸せである。

二〇〇八年五月

熊谷《くまがい》早智子《さちこ》

目次◉家庭モラル・ハラスメント

第二章　「モラ夫」は自分も人も愛せない

第三章　亭主関白という名の精神的暴力

第四章　私たちの苦しみには名前があった！

第五章　離婚調停に向けて臨戦準備

第六章　モラル・ハラスメント脱出への道

※本書に登場する人物の氏名は個人のプライバシー保護のため、すべて仮名で表記している。

第一章　「優しい人」が仮面を剝ぐ時

モラル・ハラスメントの加害者は心理的に相手を殺していき、その行為を繰り返していく。ちょうど肉食動物がほかの動物の命を自分のものにして生きていくように、モラル・ハラスメントの加害者は他人の人生を自分のものにして生きていくのだ。これは精神の連続殺人なのである。

――『モラル・ハラスメント』マリー＝フランス・イルゴイエンヌ、紀伊國屋書店、25p

ある朝、いつものように魚を焼く。

夫はじゅうじゅうと音を立てている焼き魚しか食べない。いつものようにタイミングを計って食卓に並べる。

リビングの隅《すみ》で夫は新聞を読んでいる。

「ごはん、できたわよ」

背中に話しかけても返事がない。

「ごはん、できたよ」

しばらくして話しかける。夫は新聞から目を離さない。どうしよう、魚が冷めてしまう……。魚が冷めたころ、夫はテーブルにつき、魚の上に手をかざし温度を測るふりをした後、魚の皿をわきに置く。

「俺にこんな冷めた魚を食わす気か」

じっと魚の皿を睨《にら》みつける。

私はまた立ちすくむ。

チャンスの神を摑まえて

私はチャンスの神の逸話が大好きだ。チャンスの神はボウボウと髪をなびかせていつも走っている。髪があるのは頭の前だけで、後ろはいわゆるつるっぱげ。チャンスの神が走ってくるのを待ちかまえ、ぐいと髪を摑《つか》まなければチャンスをものにすることができない。神が来てから立ち上がったのでは猛スピードで走っている神は通り過ぎてしまう。チャンスの神がいつ来てもいいように、準備をして待っていなければならない。

チャンスの神が女神であることを知るのは後のことになる。

二〇〇二年一二月。ネットサーフィンをしていた私は、ある人生相談サイトの掲示板でひとつの書き込みを見つけた。それは自分が妻に心を配らなかったため、妻が若い愛人に走ってしまった夫からの書き込みだった。そしてその返信として「あなたが妻にしていたことはモラル・ハラスメントではありませんか」という一行があった。

「モラル・ハラスメント」

初めて聞く言葉だった。検索エンジンに「モラル・ハラスメント」の文字を打ち込んだ。そこで見つけたのは、私が一九年の結婚生活で苦しみ抜いてきた問いへの答えだった。その日は私にとって、真の独立を勝ち取るための開戦記念日となったのである。

「育ててやった恩を返せ」

今考えてみると、なぜ私が夫と結婚したのか、答えははっきりしていた。

酒乱の父と、ヒステリーの母——。私の育った家庭は、およそ穏やかというにはほど遠いものだった。

父は、田舎では自他ともに認める秀才でありながら、家が貧しかったために進学を断念し、就職した。後から入ってくる高学歴の後輩がつぎつぎと出世していくのを横目に、父はその無念さを、いつも酒で紛らわせようとした。飲めない酒に正体をなくし、夜な夜な泣き叫ぶ父を、母は「はい、はい」と小さくなってなだめた。

酔って叫んでいる間は、まわりが何を言っても無駄だった。父は、自分がどんな悪態をついたか、どれだけ醜態をさらしていたか、酔いが醒《さ》めるとまったく記憶がなくなっていた。父の収入の多くは、その酒代に消え、母は働きに出るようになった。厳しい生活苦から、母の心はすさんでいった。そして、私とひとつ下の弟は、母のストレスの唯一のはけ口となった。

「あんたたちさえいなければ、別れられるのに」と、口ぐせのように母は言った。幼い私と弟は、身を縮ませ、頭上に響く母の叫びを全身に浴びた。

「お父さん似のあんたの顔を見ると腹が立つ」

父親に似ていた私は、とくに母の攻撃の対象になった。憎々しげに自分を睨みつける母を前に、私は何も言えず、ただうなだれるしかなかった。

「あたしがどんなに苦労してあんたたちを育てたか、忘れるんじゃないよ。育ててもらった恩を返しなさいよ」

つねに母から同じことを言われ続けた私は、ずっと、母に恩を返さなければと思っていた。母の発した言葉は、子どもの尊厳を無視し、その心をいたずらに傷つける、とんでもない暴言であった。しかし私は、自分が子どもを産むまで、それらが暴言だったということに、まったく気がつかなかった。

母との生活が嫌だった。些細《ささい》なことにも罵声《ばせい》を浴びせられ、真っ向から私の人格を否定するような、母の汚い言葉を聞くのが、たまらなく怖かった。

この家から早く脱出したい。それには結婚しかないと思っていた。

短大を卒業して二年が経ったころ、知人が見合い話をもってきてくれた。お見合いの相手は二六歳の公務員だった。

幼いころからの貧乏暮らしで、お金のないつらさは、嫌というほど味わった。そんな私が、結婚相手に求めたものは、なにより安定した職業と経済力であった。

彼はスラリと背が高く、かなりのイケメンだった。まわりの誰に聞いても、親切で働き者と、評判は上々。でも、私が彼に惹《ひ》かれた一番の理由は、彼の優しさだった。

物腰もソフトで、よく気がつき、いつでも私の話を一生懸命に聞いてくれた。どんなわがままも笑って受けとめてくれて、私は彼といると、まるで自分が大切なお姫様になったような気分だった。それは、生まれて初めて味わう心地よさだった。

何かおかしいという直感を封印

ある日、ちょっとしたことで彼と口論になった。その時の彼の顔は、いつもの温和な表情とはまるで違っていて、私は呆気にとられた。話し合うことは不可能と直感し、その場を去った。

翌日、彼から電話があった。「悪かった」と謝る彼に、私はすぐに返事ができなかった。何かが違う。何か変だ。もやもやした思いは、いつまでも消えなかった。

こんな時、仲のよい母娘なら、娘は母親に自分の悩みを打ち明け、どうしたらいいか相談するのかもしれない。だが、私にはそれができなかった。

　相談するどころか、もし私が、ほんのすこしでも彼のことを値踏みしようものなら、母はものすごい形相で、「あんた、何様のつもり⁉」と怒り狂っただろう。

「こんなにいい条件の人、そうそういないよ」と、母は何度も言っていた。母は、この縁談に有頂天になっていた。とくに気に入っていたのは、彼が三男だったことである。

　弟は、進学先に東京の学校を選び、この家を出た。就職先も東京の会社を希望して、すでに向こうで結婚相手も見つけていた。

（息子は、もうこの家に帰ってこないかもしれない。自分たちの老後は、いったい誰が面倒をみてくれるのか）という不安に、母はおびえていた。私の結婚相手が三男なら、もしかしたら将来同居してくれるかもしれないと、彼女は期待していたはずである。

　結婚式は、もう目前に迫っていた。

　招待状も全員に出してしまった。どうして今さら「やめます」などと言えるだろう。

　そんなこと、できるはずがない。

（これは、よくあるマリッジブルーだわ。大丈夫、大丈夫よ）

　そう自分に言い聞かせ、小さなシミのついた心を、なるべく見ないようにした。

結婚直後に豹変した夫

夫と私は、おたがいの過去をほとんど知らずに結婚した。

どんな環境で、どのように育てられたか、小さいころの楽しい思い出話、学校時代の友人の話など、彼は語ろうとせず、ただ「俺は絶対に親父のようにはならない。二人で助け合って生きていこう」と言うのだった。

その彼から、結婚後まもなく、「お前は俺と同等だと思うなよ」などという言葉を投げつけられるようになるとは、私は夢想だにしなかった——。

無事に結婚式も終わり、海外へ新婚旅行に出かけた。

夫は、海外旅行が初めてだった。短大生のころから独身のＯＬ時代、私はよく外国を旅していたため、終始、私がリードするかたちになって四日目ごろ、夫の様子がおかしくなった。明らかに不機嫌なのである。女友だちと長い旅行に出かけると、旅の疲れから、ふだんならなんとも思わないことが気になって、けんかすることがあった。夫の不機嫌も、きっと慣れない旅の疲れのせいだろうと思っていた。

ともかく無事帰国し、二人の新婚生活が始まった。

結婚前、夫は、私が仕事を続けることに反対しなかった。共働きだから、家事は分担しようねと、話し合っていた。私が料理を作る日は、夫が後片づけをする、という約束もしていた。新婚生活第一日目、夫は約束どおり、お皿を洗ってくれた。翌日、食事が済んでも夫は立ち上がらず、テレビを見ていた。「お皿洗って」と言っても、不機嫌そうに聞こえないふりをしている。

(私がやればいいことだ。こんなこと、たいしたことじゃない)

以後、結婚生活のすべてに、私はこの言葉を使うことになる。

結婚前に夫と交わした約束は、ほかにもあった。「四年に一度は海外旅行に行く」。しかし、結婚後に夫は言った。自分は飛行機恐怖症だと。新婚旅行は「死ぬ気で乗った最後の飛行機」だったそうだ。もちろん、結婚前の約束が全部守られるとは思ってなどいない。でも、毎日が三日に一度、四年に一回が、一〇年に一回になる程度だと想像していた。私を手に入れるため、彼は守る気もない約束をつぎつぎとしていたのである。

ある日突然、無視が始まった

新婚旅行から帰国してまもなく、突然、夫が口をきかなくなった。

不機嫌そうにテレビを見たり、新聞を読んだりしている。私も最初は、「どうしたの？」と話しかけたり、ご機嫌をとったりしていたが、いっこうに直らない。朝起きたとたんに不機嫌で、無言のまま家を出て、また一言もなく寝る。そんな日が三日も続いた。食事の後片づけをしていると、いきなり後ろから怒声がした。

「お前、なんとも思わないか⁉」「え？」

いきなり、なんとも思わないのかと言われても、何のことだかわからない。

「なんとも思わないかと聞いているんだ！」

私はうろたえた。何だろう？　何のことだろう？

「お前、俺の親父になんて言った？」

数日前、新婚旅行のお土産を届けに、夫の実家へ行った。お酒が好きな義父に洋酒を贈ったのだが、その時、私は、「これ、日本で買うと高いけど、海外だからとっても安く買えたんですよ」と言っていた。

「お前、俺の親に恩を売る気か！」

何気なく言った自分の言葉が、ここまで人を激怒させるのか。それほど失礼なことだったのかと、夫に対して申し訳ない気持ちでいっぱいになった。この「なんとも思わないか？」は、これ以降、私を責める時に使う夫の決めゼリフになった。

夫は、一歩外に出れば、私が結婚前に知っていた、温厚で優しい、よく気のつく朗《ほが》らかな人になり、私と二人きりになると、まったくの別人になった。

もちろん、夫婦なんてそんなもの、家にいる時くらいは素の自分にもどりたいという気持ちはわかる。しかし、彼の「内の顔」と「外の顔」は、あまりにかけ離れていた。

結婚して一ヵ月も経たないうちに、もう一〇年も連れ添った夫婦のように、私は、夫の顔色を窺《うかが》っては一喜一憂する、くたびれはてた妻になっていた。

夫は言葉を惜しむ人で、「行ってきます」も「ただいま」も言わなかった。「ありがとう」も「ごめん」もない。「おやすみ」も「おはよう」もなかった。

自分の欲しい物は、無言でそれを指さした。彼の指がさしている物を私が取り、差し出すと、無言で受けとった。リモコンが欲しければ、黙ってリモコンを指さす。私は、夫がつぎつぎ要求する物を、一つ一つ取って、手渡した。それはまるで、ご主人様に仕えるロボットのようだった。

では彼は無口なのかと聞かれたら、決してそうではなかった。むしろふだんは嫌になるほど饒舌《じょうぜつ》に自分の自慢をしていた。自分がどれだけ職場で一目置かれているか、自分がいたからそのプロジェクトは成功したなど、止めどもなく話し続ける。彼と「話し合い」をしたことが一九年のうちにどれくらいあっただろうか。一方的に自分の考えを押しつける夫に対して、私は赤べコのように首を上下に振るしか許されなかった。

新婚三ヵ月の里帰りが離婚騒動に

夫の勤め先は、新居から歩いて一〇分の所にあった。私はバス通勤で、午後五時に仕事を終えると、家に着くのは六時過ぎだった。夫もちょうどそのころに帰ってきた。

ある日、夫が「今日は会議があるので遅くなる」と言うので、帰り道、いつもは行かない大きなスーパーに寄った。玄関前で、ふと腕時計に目をやると、六時一〇分を過ぎていた。家に入ると、夫が恐ろしい顔をして夕食を作っていた。

「あれ？　会議は？」

聞いても返事は返ってこない。夫はバンバンと大きな音をわざと立て、物にあたるようにして食事を作り、一人分の夕食を用意して、ガツガツと食べ始めた。

「会議があるっていうから、別のスーパーで買い物をしていたのよ。いろんな……」

言い終える前に、夫は両手の拳《こぶし》でドンッとテーブルを叩いた。

「お前は、俺が遅くなるとメシも作らないのか!!」

私はそれから、かならず六時には帰宅して、夕食の支度をするようになった。

夫が不機嫌になるのは段階があった。まず口をきかなくなる。次に動作が荒々しくなる。完全無視を始める。その無視がどのくらい長く続くのか、まったくわからなかった。そしてその次は私が作ったものには手をつけなくなる。私が淹《い》れたお茶もいったん流しに捨ててから自分で淹れ直す。自分が買ってきたお総菜を部屋の片隅でテレビを見ながらひとりで食べ始める。それが何ヵ月も続くことがある。それでも食事は彼の分も作らなければならない。「なぜ食べもしないものを作るのか」と聞かれることがある。作らなければ後から「お前は俺が食べないと食事も作らないのか」と責められる。だから夫が食べなくても作らなければならない。

そんな生活が三ヵ月続いたころ、県外に住む友人のみどりから「ダンナの言うなりになっちゃダメよ！　最初が肝心なんだから。どーんと実家へ帰っちゃいなさい」と言われた。怒鳴るだけならともかく、怒っている理由も言わず、すぐに口をきかなくなる性格には、私も我慢できなくなっていた。「実家へ帰ります」と置き手紙をして家を出た。もちろん別れる気などなく、ちょっとした脅しのつもりだった。

実家に一晩だけ泊まって家に帰ると、きちんと片づけられたテーブルの上に、離婚届が置いてあった。私は総毛立ち、思わず用紙を破いた。

たしかに夫は、結婚前とまるで変わってしまった。しかし、まだ三ヵ月だ。たった三ヵ月で離婚したら、まわりに何と言われるか。私の職場でのメンツは丸つぶれだし、母がヒステリックに叫ぶのも目に見えている。

やがて夫が帰ってきて、冷たい目をして言った。

「ここにあった紙は？」「破いた」「俺は別にいいよ。別れても」「嫌だ」

私は白旗を揚げた。

誰も知らない「もうひとつの顔」

家のなかで、夫婦の会話らしい会話は、ほとんどなかった。事務的な話には、「する？　しない？」と聞く。イエスは顎《あご》を上にしゃくる。ノーはかすかに横を向く。それが合図だった。

私は夫が怖くてたまらなかった。無視は突然に始まり、ある時は数日、またある時は数週間から数ヵ月、無言の日々が続く。ただ無言なのではなく、体じゅうから不快感を発散させている。無視の理由がわからない私は、悲しくて、ただ混乱するばかりである。そして、いきなり怒鳴られる。「お前、なんとも思わないか!!」

ドキドキして気が遠くなってくる。いったい何を怒っているのだろうか。その答えは、たいてい何日か前に私が言ったか、したことが原因だった。

それほど不快だったら、何日も怒りを溜め込まず、なぜその場で伝えないのか。それは、相手を混乱させること自体が目的だからである。私は、ずっと後になって、そのカラクリを知ることになる。

「釣った魚にエサはやらない」という言葉がある。夫は、その典型と言えた。

夫はケチだった。ケチと言っても、外の人にはわからない。夫には夫の価値基準があった。自分に必要のある物は買い、そうでない物は買わなくていい。それが基準。たとえば、自分が着るスーツは必要だからオーダーする。私が着る服は、不必要。夫は私が服を着替えると、じっと見て、「それ買ったのか?」とよく聞いた。「ううん、前からもっていたのよ」と私。夫は不満そうだが、それ以上は言わない。

結婚してから、自分の買い物に行く暇がなくなったので、通信販売を利用した。夫に見つかると怒られるから、届け先は職場にしていた。新しい下着には文句を言わないのだが、一番上に着るコートは一着しかもてなかった。身体がひとつなのに、なぜコートが二着も必要なのか、というのが夫の言い分だった。夫自身は、「俺には必要なんだ」と言って、複数のコートをもっていた。

もし、そのことについて何か言おうものなら、また無視が始まる。夫に対し、意見するなど言語道断、自分で自分の首を絞めるようなものである。

俺の機嫌が悪いのはお前のせいだ

「きちんと片づけないと全部捨てるからな」

夫はそう言って、私が家のなかに置いた物を、勝手に捨てた。図書館から借りてきた本も、大事な書類も捨てられた。

彼は気分次第で、何でも捨てる権利をもっていた。

その一方、夫は、自分の物なら、どんな物でもあたり構わずポイポイと置いていた。片づけようと、万が一レシート一枚でも捨てようものなら、大騒ぎになるから、決して手をつけられない。夫は、大事な書類も、無造作に棚の上に置いておくのが常だった。

「どこか奥底に隠すから泥棒に盗まれるんだ。こうやって何気なく置いたほうが安全なんだ」と、得意気に言っていた。

　夫は思いこみの激しい人だった。自分が勘違いして怒っていたとわかっても、夫の機嫌は直らなかった。

「なぜなの？　誤解だってわかったでしょ？」と私が言うと、「いったんこうなったら自分でもどうしようもないのだ。こうならないように注意しろ」と言う。勝手に誤解して、勝手に怒っている。誤解がとけても怒っている。何をどう注意しろというのか。

　私はよく、「お前はフォローが悪い」とも言われた。

「俺の機嫌が悪くなったら、きちんとフォローをしろ。お前がそれをちゃんとしないから、俺の機嫌がどんどん悪くなるんだ」と言い、夫にかかると、すべて悪いことは私のせいになった。

　私は、お前が悪いと言われるたびに、（そうか。私が悪いんだ。これからは気をつけよう）と思う。けれど、肝心のフォローの仕方がわからない。どうしたら、夫の機嫌を損ねることなく、平穏無事な生活が送れるようになるのだろう。世の妻たちが、簡単にやっていることが、きっと私にはできていないのだ。やっぱり私がダメなんだ。私は「夫の上手な操縦術」という類の本を読み漁《あさ》るようになった。

メシも作れないなら堕ろせ

体がだるいので「もしや」と思って病院に行くと、医師から妊娠を告げられた。結婚して二年が過ぎていた。子どもができれば、子ども好きの夫も変わるかもしれない。私はほのかな希望を抱いていた。病院の公衆電話から、職場にいる夫に電話した。

「赤ちゃん、できたって！」「ふ〜ん」

冷たい返事が返ってきた。職場じゃ大喜びもできないよね、と自分を納得させ、夕方を待った。夫は、いつものとおり無言で帰宅し、着替え、食卓についた。

「予定日は一〇月だって」「ふ〜ん」

私から話を切りだしたが、まったく興味がなさそうで、夫は箸《はし》を休めない。照れているのかと思い、「男の子、女の子、どっちかな」と話しかけても、何の反応もない。わけもわからず、私は後片づけを始めた。キッチンで食器を洗っていると、背後から、夫のうれしそうな声が聞こえてきた。「できたんだよ、子ども！」

夕食の後、友人に電話をして、夫がはしゃいでいる。私は、ますます混乱した。

家に遊びに来た友だちの前では、「二年間できなかったからな〜、俺、すっげぇ心配だったんだよ」と興奮し、友だちが帰ると、とたんに冷ややかになった。

夫の心のなかで、いったい何が起きているのか。考えても考えても、夫の態度を理解することはできなかった。

結婚前は、とても優しかったのだ。もともとは優しい人なのだから、子どもができれば、また元にもどるのではないかと思っていた。私のお腹をなでて「パパでちゅよー」などと言うのではないかと期待もしていた。でもその期待は、みごとに裏切られる。

やがて、悪阻《つわり》が始まり、倦怠《けんたい》感、微熱、吐き気で、私は動けなくなった。掃除、洗濯と家事は休まなかったが、どうしても食事作りが前のようにいかない。味見すらできず、つらくてつらくて何もできずにキッチンにいると、夫の怒号が飛んできた。

「メシも作れないなら堕《お》ろしてしまえ！　堕ろしてこい!!」

私は便利なお抱え運転手

夫は具体的な言葉ではなく、決まったやり方で私にメッセージを飛ばした。気に入ったら笑顔、そうでなければ無視、のちに怒号。それは犬のしつけに似ていた。ただ、犬ならご褒美《ほうび》にエサがもらえるが、私へのご褒美は笑顔だけ。でもその笑顔が、私にとって、なによりのご馳走だった。何もいらない。家事なんか、してくれなくていい。夫には、ただ機嫌よくしていてほしい。それが私の唯一の願いだった。

新婚のころは、一日の無視さえも怖かった。夫がほんのすこし眉間《みけん》にしわを寄せても心臓をわしづかみにされるような恐怖を覚えた。

どうしたら夫が気分よく過ごせるのか、そのことで私の頭はいっぱいだった。夫のご機嫌をとるためなら、私は何でもやり、どんな高価な食べ物も惜しまず買ってきた。

結婚して一年が過ぎるころ、中古の軽自動車を購入した。

運転免許をもたない夫は、この車での送り迎えを大いに気に入って、歩いて五分の場所でさえ、送っていくよう要求した。口には出さず、命令する。送ると笑顔、そうでなければむっつり。「歩いていくからいいよ」と夫。「いいからいいから、送っていくから」と私。送っていけば、夫は上機嫌だった。

お抱え運転手となった私は、せっせと車を走らせた。車で送ってさえいけば夫のご機嫌は取り結ばれる。それは妊娠中も変わらず、お腹がどんなに大きくなっても、私は送らせてくださいと頼まんばかりに夫を車に乗せて送迎をした。夫を乗せて車を走らせていたある時、助手席で、ご機嫌の夫が言った。「俺さあ、自動車学校で一段階までは行ったんだ。だからエンジンのかけ方だけは知ってるんだ」

結婚前、彼は、目が悪いから免許を取れなかったと言っていた。変な話だと思った。視力の検査は自動車学校の入校手続きの前にする。おそらく、学校には入ったものの、受講中、教官の辛口の言葉にカッとなってやめたのだろう。夫は、相手が誰であれ人から何かを教わるのが大嫌いだった。


夫の態度のなかには、彼の私への強烈なメッセージがあった。「妊娠したからと言って甘えるんじゃない。いつもと変わらない生活をしろよ」というメッセージである。

「昔の人は生まれるまで働いてたわけでしょ？　出産なんて普通のことなんだから別に大騒ぎする必要ないわよ」と私が言うと、夫はニコニコして聞いていた。人前で私が同じことを言うと、夫は、「そんなこと言わないで大事にしなきゃ」と私をたしなめた。気の強い妻と穏やかな夫、それが、世間に向ける私たち夫婦の「外の顔」だった。

過度のストレスから氷食症に

初めての妊娠中、夫の無視と怒号は以前よりひどくなった。些細《ささい》なミスも、あっという間に大事となり、夫の怒りを買った。このころ、私は職場のトイレで、お腹の子どもに向かって「ごめんね、幸せでなくてごめんね」と呟《つぶや》いて、よく泣いていた。「本当にお前はわがままだな」と、ことあるごとに夫から言われ、自分が悪い、どうしてこんなにダメなんだろうと、毎日、自分を責めていた。この生活に慣れることがあるのだろうか。いつか慣れる日が来るのだろうか。いつも不安でいっぱいだった。

私は結婚してすぐ貧血になり、それは毎年の健康診断に数値として表れた。

妊娠すると、私はやたら氷を食べるようになった。妊娠中、ある食べ物をむしょうに欲するようになると聞いていたが、私の場合、それが氷なのだと思っていた。冷蔵庫の製氷器に両手を突っ込んでは、氷をむさぼった。キッチンに立つ時は、大きなボウルに氷を入れておき、口に氷を含んで、ガリガリと嚙《か》み砕《くだ》く。この世にこれほど美味しいものがほかにあるだろうかと、とろとろと喉《のど》を伝う甘露《かんろ》にうっとりした。これが「氷食症」という貧血症状のひとつであることを私は知らなかった。貧血は、後に夫と別居したとたん、ケロリと治った。

モラル・ハラスメント（モラハラ）の被害者は、ほとんど例外なく体の不調を訴える。その多くは不眠、全身倦怠、頭痛、肩こり、腰の痛み、循環器の異常、激しい動《どう》悸《き》、湿疹《しっしん》などであるが、血液系、免疫系の病気をもっている人も少なくない。睡眠導入剤や精神安定剤が手放せなかった被害者が、ハラッサー（加害者）と離れたとたん、嘘のように病気が治ってしまうという事例を、後年たくさん見聞した。

　ストレスは万病のもとである。いつ夫が怒りだすかわからないモラハラ家庭にいる人は、戦場で最前線にいる人と同じくらいのストレスにさらされていると言われている。自殺未遂もまれではない。あなたの病気の原因が夫であると口では言っても、診断書にそう書いてくれる医師は少ない。だから生きのびたかったら、自分で自分を守るしかない。

第二章　「モラ夫」は自分も人も愛せない

邪悪な人間が選ぶ見せかけの態度に最も共通して見られるのが、愛を装うことである。これは、それとまったく正反対のものを隠そうとするものである以上、当然のことである。（略）邪悪な人たちの見せかけは、すくなくとも他人をだますと同じ程度に、自分自身をだますためのものである。（略）世の中には愛情を持っていない親というものはざらにいるもので、そうした親たちの大半が、すくなくともある程度までは、愛の見せかけを行っているということは、経験を積んだ心理療法家であればだれでも知っていることである。

——『平気でうそをつく人たち』M・スコット・ペック、草思社、144～145p

なぜ妊娠中に家を建てることに

突然、夫が「家を建てる」と言い出した。

私には、持ち家志向がなかった。実家も借家だったし、ライフスタイルに合わせ、そのつど家を替えていけばいいと思っていた。でも、夫にノーとは言えない。結局、家を建てることになり、私の知り合いがいる建築会社と契約することになった。土地は、夫の実家からバス停ひとつ、いわゆるスープの冷めない距離の場所に決まった。

妊娠中、いつも私は体調が悪く、建築会社とのやりとりは夫がひとりでやっていた。私はどんなに具合が悪くても、夫のお抱え運転手の役割は果たしていたが、夫はなぜか、建築会社へ行く時だけは、私に送迎を要求しなかった。

ただし、クレームや値下げ交渉については、「お前の知り合いだから」と言われ、私に御鉢《おはち》が回ってきた。こちらの要求を飲んでもらわなければ、後で私が夫から責められるので、必死に談判した。夫はその場にいるけれど、後ろでニコニコと聞いているだけで、ときおり「わがまま言って、すいませんねぇ」と笑った。

相手がいなくなったとたん、チッと舌打ちし、「なんだよ、これっきゃまけねぇのかよ」と吐き捨てた。彼の「もうひとつの顔」を知っているのは、私しかいなかった。

金融公庫からの借り入れの説明の時は、私も同行した。

人生には、ときに想像もつかないようなことが起きる。夫が急死するかもしれないし、突然ギャンブルにはまって、大きな借金をつくるかもしれない。夫ひとりの名義では、独断で家を売却されてしまう恐れがある。私の身近に実際そういう夫婦がいた。だから、半分でなくても、名義には私の名前をかならず入れてもらうよう、担当者にお願いしていた。もちろん、気分を害されるから夫には本当の理由は言わない。

「そうですね。共稼ぎですから、共有は当然でしょう」

担当者もうなずき、夫も了承した。

平気で嘘をつく人

初産は、予定日より遅れるのが一般的と聞いていたが、「妊娠しても普通の生活」をしていた私は二週間以上早い出産となった。ストレスにさらされた私の子宮は、予定日まで持ちこたえることができなかったのである。

かわいい男の子だった。二五〇〇グラムに満たなかった私の赤ちゃんは真太郎《しんたろう》と名づけられ、同じ病室のなかでは一番小さかった。

夫は大いに喜んで、毎日病院にやって来ては、赤ちゃんを抱いた。

退院が近くなり、看護師さんから「マル福《ふく》」の説明を受けた。マル福とは、乳幼児や妊産婦、母子・父子家庭の人や重度心身障害者などがきちんと医療サービスを受けられるように、病院にかかった時の自己負担分の費用を、公費で助成する制度である。

「退院されてから手続きをしてもいいのですが、退院前にやっておくと、今回の出産から適用になりますよ」と看護師さんは言う。退院後に手続きをしても、後からお金は返ってくる。しかし支払いの時に、「なんでこんなに高いんだ！」と夫は怒らないだろうか。夫の怒りを誘発する恐れのあることはひとつでも潰《つぶ》しておかなければならない。それを考えると、退院前に手続きをしておいたほうが無難だ。そうはいっても、自分では行けないし、もちろん夫に頼むことなどできない。

夫は、私が車で送り迎えするようになってから、バスや電車にほとんど乗らなくなっていた。歩くことさえ面倒がって、なにかにつけ「足がない」と言うので、たいていの雑務は私が引き受けていた。しかし、今回ばかりはどうにもできず、仕方なく父に頼んだ。毎日この病院まで母を送り迎えしてくれていた父は、「そんなもん、親のやることだ！」と怒った。「車がないから、やらないってことはないだろう！」

父の言うのも、もっともなことだった。

結局、退院の日、精算前に私が市役所へ行き、手続きをすることにした。ところがその日、たまたま市内のタクシー会社が一斉にストライキを起こし、車を呼ぶことができなかった。私は徒歩三〇分の道のりを、ゆっくり歩いて市役所へ向かった。

手続きを無事済ませ、病院へもどる途中、夫の伯母とばったり出くわした。道すがら、私は伯母に、「マル福の手続きをしに来たんです」と話をした。

夫は、その後、「マル福の手続きは俺がやった」と言い出した。やっていないことを、なぜ自分がやったと言い張るのか。そんな嘘をつくことに、どんな意味があるのか。私には、まったく理解できなかった。

どうでもいいような嘘をつくことも不可解だが、一番わからなかったのは、彼が本気で自分が手続きしたと思い込んでいることだった。

「モラ（モラル・ハラッサー）は突発性記憶回路障害」。後に私が立ち上げた「モラル・ハラスメント被害者同盟」サイトの掲示板に躍るハラッサーの特徴である。平気で嘘をつき、さらに自分のついた嘘を本当のことだと信じ込む。事実をねじ曲げ、相手を攻撃する。それが嘘だという証拠を相手が出してくると、逆ギレして暴れる。

そういうことは何度もあった。そのたびに、夫を理解しようとつとめればつとめるほど、私は混乱し、思考停止におちいった。今思うと笑うしかない。

誰も愛せない「裸の王様」

退院して実家へ帰り、三週間過ごした。その間、夫が会いに来たのは一回きりである。理由は、「足がないから」。「車がなくても電車があるでしょ！」と、母は憤慨していた。「ふつうはさ、お世話になっていますの一言ぐらい言うもんだよ。電話一本かけてきやしない。自分の子どもの顔が見たくないのかねぇ、まったく」

「ウチに迷惑がかかるから遠慮するって言ってたわよ」と、私は彼をかばった。

もちろん夫は、そんなことは言っていない。あの人にとって、バスと電車を乗り継いで私の実家に来ることなど、考えただけでもくたびれるほど億劫《おっくう》だったにちがいない。

実家にもどって二週間後、三九度を超える高熱が出た。近くの病院に行って診察を受けると、「乳腺炎《にゅうせんえん》」と診断された。

その日は休日だったので、私は実家に帰ってから、夫に電話をかけた。もしかしたら、優しい言葉をかけてくれるかもしれないと、すこしだけ期待していた。夫は不在だった。彼はよく、市内にいる伯母の家に遊びに行くので、ひょっとしてと思い電話してみた。「あら、早智子《さちこ》さん？　ええ来てるわよ。今、みんなで麻雀してる。ちょっと待ってね、かわるから」

「なんだよ、今いいとこなんだよ」ぶっきらぼうに夫が出た。怒った口調ではない。

「うん、ごめんね。熱が出て、病院に行ったら乳腺炎って言われたんだ」

初めての出産、初めての育児、なにもかも初めてのことばかりで、それでなくても不安なうえに、初めて経験した授乳のトラブル。私は、たった一言、たった一言だけ、夫の優しい言葉が欲しかった。医師に説明されたとおり、乳腺炎というのは、乳首から細菌が入って起きる炎症なのだと夫に伝えた。

「ふ〜ん、全部お前が悪いんだからな、ばい菌を入れたお前のせいだからな」

夫は不機嫌そうに、「ほんじゃあな」と言って、電話を切った。

私はふぅっとため息をついた。「……ばい菌を入れた私が悪いんだって」と、そばにいた父に言うと、父は烈火の如く怒りだした。

「どこに病気で苦しんでいる奥さんに、そんなことを言うやつがいる！　大丈夫かと言って飛んで来るのがふつうだろう。何やってんだ、あいつは！」

麻雀をやっていたとは、とても言えなかった。

ハラッサーは、つねに自分が中心なので、他人の痛みを理解することができない。そもそも共感する能力がないという。

にもかかわらず、ときにハラッサーが、人に対して優しい言葉をかけたり、人を助けたりすることもあるのはなぜか。それは、相手が「かわいそうだ」と思って助けるわけではない。たとえば、おばあさんが道で転んで、立ち上がれない状況があったとする。まわりに人がいれば、ギャラリーを意識して彼らは駆け寄り、「大丈夫ですか」と声をかける。しかし誰もいなければ、見て見ぬふりをして通り過ぎる。ただし、このおばあさんを助けることにより、自分が何か得をすると目算できれば助けるかもしれない。

彼らの行動はすべて、自分にとって損か得か、人から賞賛を得られるか否か、それによって決定される。お金にしろ、名誉にしろ、自分が得をすると思えば、がむしゃらに働く。良心がないから平気で嘘をつくし謀《はかりごと》も何の苦もなくやってのける。だから、それなりに社会的成功を収めている人間も多いのだ。でも、と私は思う。

「裸の王様」――。彼らのことを考えるたび、私はこの童話を思い出す。全身に豪華な衣装をまとっても、王様の心は空虚である。王様は人を信じることができないし、誰のことも愛せない。つねに人を疑い、いつか自分から離れるのではないか、自分はいつか高いステータスから転げ落ちるのではないかと、内心ではビクビクしている。

自分を褒《ほ》め讃《たた》える人たちの歓声のなか、裸の王様は、赤い絨毯《じゅうたん》のうえを堂々と歩いている。人々が歓声をあげるのは、そうしなければ、王様に何をされるかわからないから。それでも王様は歩き続ける。自分の本当の姿を省みることもできず、「裸の王様」であることに、彼らは一生気づけない。

お前の親から金を借りてこい

「兄さんの時は、義姉《ねえ》さんの実家からど〜んと金がきたんだ」

夫は私を横目でちらと見ながら、そう言った。何を言わんとしているのか、すぐにわかった。お前の親から金を借りてこい、という間接的かつ絶対的な指令だった。

土地と家の建設資金は、金融公庫や夫の職場からの借り入れをあてることにしたが、どうしても三〇〇万円足りなかった。

私は、小さいころから「金食い虫」「育ててやった恩を返せ」と言われ続けた。精神的にも、親に甘えるということがどういうことかわからなかったし、まして大人になってから、経済面で親に頼るなど、私は一度も考えたことがなかった。しかし、夫の指令である。やむなく実家の母に電話した。

「家を建てるのにお金が足りないの。三〇〇万、貸してもらえないかな」

「お父さんに聞いてみるから」不満そうに母は電話を切った。

やがて父から電話があった。「こっちも老後の蓄えが必要だから貸せないな。お前たち、こっちのこと、考えてないんだろう?」「老後の世話をするなら貸してくれるってこと?」「そういうことだ」

私は、母との暮らしが耐えられなくて結婚した身である。またあの母と暮らすことなど考えられない。老後の世話を約束するから、お金を貸してとは言えないのだ。

結婚の時、両親は私に、「狭いアパートにタンスなどの嫁入り道具は入らないから、何か必要になった時にはその分のお金を用意する」という約束をしていた。その分ならもらえるはずだ。両親は承知し、わざわざそのお金をもって来てくれて、「使ってくださいい」と夫に差し出した。「すいませんねぇ」と、夫は満面の笑みでそれを受けとった。両親からもらった一〇〇万円と私の貯金を足した二〇〇万円が夫の手に渡った。

腑《ふ》に落ちないことがあった。住宅ローンは夫の職場の共済組合からの借り入れだが、私の会社からも住宅ローンは借りられる。それを提案しても、夫は「いらない」と言う。公的なローンは組ませないが、親からは借金させようとする。それが何を意味していたのか、まもなく私の知るところとなる。

夫が不動産の権利を独占

土地の登記簿が郵送されてきた。私は送られてきた封筒を、ドキドキしながら開けた。私が初めて手に入れる、「自分の名前が入った登記簿」である。真っ先に自分の名前を探した。（あれ？　私の名前は？）

どこを探しても自分の名前の記載がない。夫が帰ってくると、一番に尋ねた。

「なぜ私の名前がないの？」「ああ、建築会社の人が、俺ひとりのほうが税金が安くなりますよって言ったからそうしたんだ」と、夫はさらりと答えた。

「そんなわけないじゃない。共有名義にしても、税金はその割合によって分割されるだけだから同じはずだわ」「うるさい!!　向こうがそうしろって言ったからそうしただけだって言ってるだろ！　だいたいあの担当者、お前の知り合いだろっ！」

私は言葉を失った。夫は土地の権利を独占していた。彼がひとりで登記の手続きを行っていたのは、産後の私の体を気づかっていたからではなかった。すべて計算ずくだったのだ。きっと、同じようにして、家を建てても全部自分のものにしてしまうのだろう。私は家を建てることに対し、情熱を失った。

住宅控除の手続きをしに県庁へ行ってほしいと夫に頼まれ、行ってみると、担当は私の友だちの夫だった。

「お宅、なんで共有名義にしなかったの？　ふつう共稼ぎなら半々にするよ。半々にすれば早智子さんも住宅控除が受けられるのに」

「ええ、でも……ひとり名義にしたほうが、税金が安くなるって、ダンナが建築会社の人に言われたんだって」と私が言うと、「そんなばかな」と彼は笑った。

生活費を渡さない男たち

子どもが生まれても、相変わらず、夫は私に現金をいっさい渡さなかった。

夫が出す「生活費」は、住宅ローンの返済に、月々三万八〇〇〇円、ボーナス時は一五万円、光熱水費と子どもの学資保険を足しても、月の出費は七万円を超えない。

一方、私が自分の給料から出す「生活費」は、食費、子どもを預けている義母へのお礼、ガソリン代、雑費、子どもにかかる衣料費やオムツ、ミルク代、その他の出費、エトセトラ。毎月、ほんのわずかな額しか手元に残らない。

口の贅沢《ぜいたく》な夫のために、私の財布のエンゲル係数は五〇パーセントを超えた。頼みの綱のボーナスは、全額、夫に渡さなければならなかった。「俺が貯金しておいてやる」と夫は言った。「結構です」とは、もちろん言えない。

夫は何度か「お前、足りてるのか?」と聞くことはあった。素直に「足りません」と言うと、「無駄遣いするからだ!!」と怒鳴られた。するとこちらは、決して「足りません」と言ってはいけないのだと「学習」する。次からは、足りていなくても、「足りているわよ」と元気に答える。

何かの時に、誰かから、生活費をきちんと渡していなかったのでは、と言われたら、夫は胸をはって答えるだろう。「『足りてるか?』って聞いても『足りている』って言うからやらなかったんですよ」

二〇代、三〇代を中心に「ヒモラ」が増えているという。昔の「ヒモ」は、お金が目当てで近づくから、せびる相手にお金がなくなると、次のカモに鞍替《くらが》えする。しかし、現代の「ヒモラ」は、昔のそれとは違う。自分も職業をもち、一応収入はあるのだが、そのお金を家族のために使おうとしない。全部自分の趣味や持ち物に使ってしまい、それればかりか妻の収入もあてにし、自分の道楽に使ってしまう。

高年齢層の場合、社会的ドメスティック・バイオレンス（DV）と言って、妻を家に縛《しば》りつけ、自由を奪うケースが多いが、若年層の場合は、むしろ妻を働かせ、その収入で遊び暮らすというパターンがひじょうに目立つようになった。

妻がお金を出さなければ、拗《す》ねて無視をしたり、物にあたったり、怒鳴ったりをくりかえす。それが怖い妻は、独身時代の貯金を取り崩して足りない分を補ったり、実家へ無心することで何とかやりくりするが、サラ金に走る場合もある。それが膨大な借金となって身動きがとれなくなり、相談所へ駆け込むケースもある。夫から売春を暗に強要される場合もある。金がないと訴えても、「やりくりがへただ」「無駄遣いが多すぎる」と夫は責めたてる。

夫は好き勝手に遊び回り、高級車をつぎつぎと買い換える。彼らは家庭をもち、父親になっても、永遠に責任から逃れようとする少年なのだ。

俺様流「男の育児」とは

「男も育児をするべきですよ」と、夫は人前で熱弁をふるった。彼が「男の育児」を熱く語るその姿は、まるでミスター育児、育児界のイチロー選手といった感じである。

実際、夫の行った「育児」とは、一日に一回ミルクを飲ませ、一回オムツを取り替えること。それでも長男の時は、夜起きてミルクを与えることも、たまにはあった。

長男が生まれたばかりのころ、しばらく布のオムツを使っていた。

晴れた日、私が洗濯したオムツを、夫が外に干していた。その様子をぼんやり眺めていて、ふと気づいた。

（この人、オムツを外に干す時はやるけど、家のなかではやらないなぁ）

人の目につく仕事はするが、そうでなければしない。それはじつに徹底していた。

何もしない父親でも、子どもをお風呂に入れることはするとよく聞くが、夫は違った。夫は大の風呂好きで、「子どもと一緒だと入った気がしない」と言う。それで、お風呂は私の仕事になった。私は、子どもを抱いてお風呂に入り、体を洗ってやってから、バスタオルを羽織って子どもに服を着せて、ベビーベッドに寝かせる。それからまた、お風呂にもどり、自分の体を洗う。

ある時、髪を洗っていると、子どもの泣き声が聞こえてきた。夫が面倒をみてくれるだろうと、私は洗髪を続けた。風呂から出ると、怒号が飛んだ。

「お前、母親だろう!!　子どもが泣いているのが聞こえないのか!!」

泣いている子どものそばで、夫が閻魔《えんま》大王のように、いきり立っている。

「母親なら飛んで出てくるのが当たり前だろう!!」

すみません、すみませんと頭を下げ、私は半裸のまま子どもを抱いてあやした。

親戚奉仕でポイントゲット

子どもには兄弟が必要だろうと思ってはいた。けれど、最初の妊娠で、夫が「普通の生活」を要求すること、そして私に対する態度がさらに冷たくなることがわかったから、なかなか踏み切れなかった。それでも、「一人より二人のほうが絶対に後から楽だから」という友だちの言葉に押されて決心した。長男が五歳の時である。

妊娠五ヵ月を過ぎたころ、夫の伯母が家にやって来て義母と夫、私との四人で世間話をしていた。

「ああ、紅葉のいい季節だね。〇〇山の紅葉がちょうど見頃だね。行ってみたいな」

この伯母は、かなり自己チュー度が高い人で、私の車をあてにして頼み事をよくしてきた。この時も、私に運転をさせようとして言っているのはわかっていた。その山は家から一五〇キロ離れている。往復三〇〇キロの慣れない山道を、安定期とはいえ、気を張って運転するのは気が進まなかった。夫は下を向いている。

私がここで「私が運転して行きましょうか？」と言えば、夫は「無理だよ。子どもがお腹にいるだろう」と返す。すると私は「いいのよ大丈夫、安定期だから。私も紅葉、見たいし。行きましょうよ」と言う。しぶしぶ夫は「いいのか？」と言いながら「いつ行く？」とスケジュールを決め始める。そして、もし何か事故が起これば、「だから俺はあれほど止めたのに。お前が無理やり行くって言うから」と、私が責められる。逆に「行かない」と言えば後から無視が待っている。一瞬にして私はこの展開が読めたが、即座に義母が助け船を出してくれた。

「何をバカなことを言ってるの。早智子さんは今、大事な体なんだからあんな遠くへ行けるわけがないでしょう」

伯母は不満そうに口を尖《とが》らせた。本来ならばこの言葉は「伯母さん、無茶言うなよ」

と夫の口から発せられなければならないはずだった。しかし親戚が大好きで、親戚を喜ばせたい夫は、つねに私に奉仕を強要した。それが遂行されれば、特上の笑顔と、家事に不手際があっても「いいよ、いいよ」と許される特赦《とくしゃ》が褒美《ほうび》に与えられる。そのポイントが欲しい私は、何もかも後回しにして親戚一同の接待役を嬉々として実行した。

夫怖さで妊娠中に薬を飲みまくる

二人目の妊娠の時も、夫はやはり「普通の生活」を、無言で要求した。

私は気管支喘息《きかんしぜんそく》の持病があり、いちど風邪をひくと、咳《せき》が止まらなくなる。下の子がお腹にいた八ヵ月目のころ、ベッドのなかで、げほげほと咳をしていると、夫が「うるさい！」と怒鳴った。苦しくて苦しくて、つい「しょうがないでしょ」と言ってしまったその日から、夫は口をきかなくなった。

昼も夜も咳は止まらず、病院の医師に咳止めの薬を出してもらった。妊婦は薬を飲むことに神経質になる。「大丈夫」と医師に言われても、できるだけ飲むのを避ける。私の場合、口をきかない夫を前に、そんなことを気にしてなどいられなかった。

「この薬では止まりません。もっと強い薬を出してください」

私が必死に懇願するので、医師は別の薬を処方するが、それでも咳は止まらない。「もっと強い薬を」「もっと強い薬を」と頼む私に、医師は、「これ以上強い薬は出せませんよ」と困惑した。このころの私は、本当にどうかしていた。もし、夫に「崖から飛び降りろ」と言われれば、飛び降りていたにちがいない。ただ、夫は、「飛び降りろ」と直接的には絶対言葉にしない。言葉にせず、私がそれとわかるように暗示する。そのやり方は、じつに巧妙だ。夫の不機嫌がなにより怖い私は、夫の思うとおりに考え、動かなくてはならない。崖から私が飛び降りて死んでも、はたから見れば、それは私が私の判断でやったことで、夫には何の責任もない。なぜなら、夫は「飛び降りろ」とは言っていないのだから。

母は娘の幸せより世間体を選んだ

夫は、二人目の産前産後の四ヵ月間、無視を続けた。薬を飲んでも咳は止まらず、私はどうしようもなくて、ついに今までのことを母に打ち明けた。なにしろ短気な母である。家へ乗り込んできた。

「雄一《ゆういち》さん、この子を家に連れて帰りましょうか？」と、切り口上で母が言った。

「ああ、そうしてもらえますか。わがままで困るんです。そうしてください」「この子のお腹にはあなたの子どもがいるんですよ。それなのにそういうこと言うんですか！」

「しょうがないでしょう？　離婚したいのはそっちなんだから」

夫は真太郎の隣に座り、頭を撫《な》でながら言った。「お前とママはここから出て行くんだって。ママを大切にするんだよ。お前がママを守ってあげるんだよ」

その言葉を聞いたとたん、涙があふれ出た。絶対に人前で涙を見せなかった私が、母と夫の前で声をあげて泣いた。すると夫は、泣きじゃくる私の頭を撫でて言った。

「しょうがないだろう？　お前がやっていけないんだから。二人ともお前が引き取るのか？　養育費はいくらいるんだ？　あの時別れてればよかったんだよなぁ。あのアパートにいる時に。子どももいなくて別れるのに楽だったろうし、時間を無駄にしたよ」

夫は母に向かって、「どうぞ、連れて帰ってください」と言い、二階へ上がっていった。バタンと二階の部屋のドアが閉まると、母は吐き捨てるように言った。

「あの人のやってることは、小学生のイジメと同じだ！」

「ママ、泣かないで」と、真太郎が私の膝《ひざ》に乗ってくる。

「ごめんね、ごめんね、真ちゃんごめんね」

息子を抱きしめながら、私はいつまでも泣き続けた。

一晩泊まってくれた母は、翌朝、ダイニングの椅子に腰掛けて、話し始めた。

「でもさぁ、女がひとりで子どもを育てるって大変だよ。あんた、もう少し我慢しなさいよ。男の人なんてわがままなもんだからさ、気をつかって怒らせないようにすればいいんだよ。女は我慢しなきゃ。父親のいない子どもはかわいそうだしねぇ」

私はもともと、別居にしろ離婚するにしろ、「実家へもどる」という選択肢は考えていなかった。それにはふたつ、理由がある。第一に、母と私がまた同じ屋根の下で暮らすのは、どう考えても無理だった。実家に行っても、「よく来たね」と機嫌のいいのはせいぜい一時間。それを過ぎると「あんたもさ、我慢しないとね」と言い始める。毎日顔を合わせれば、どんなことになるか。

第二の理由は、母がなにより大事にしている「世間体」である。ずっと母を見てきたから、よくわかっていた。もし私が、子連れの離婚娘として出もどったら、母は恥ずかしくて外も歩けないと、私を四六時中、責めたてるにちがいない。

母にとって、娘の離婚など、絶対にあるまじき恥だ。ここは自分がなんとしても、離婚だけは思い止まらせなければ、と思ったのだろう。

「あんたも気が強いから、雄一さんも腹が立つことって、いっぱいあると思うよ。雄一さんだって、我慢してきたと思うよ、きっと」

母は、いつになく穏やかに、言葉を選びながら、私を諭《さと》した。

「じゃあね、気をつけてね」と、母は帰っていった。

その晩、夫が勤めから帰ってきた。当然、夕飯は食べない。子どもを寝かせに二階へ上がると、下から「おい」と声がかかった。

降りていくと、黙って紙を突き出した。離婚届である。

「ハンコを押したらすぐ役所へもって行くからな」

用紙には、彼の名前とハンコが押してあり、子どもの親権者は夫になっている。

「子どもの親権者は私のはずでしょう?」「お前みたいな女に子どもを渡せるか。お前みたいな女に育てられる子どもがかわいそうだ」「じゃ、ハンコは押せない」

ふん、と鼻を鳴らして夫は二階へ上がっていった。私はその離婚届を破いた。

じつはこの時、夫は離婚するつもりはまったくなかったのである。ただ私が泣いたり悲しんだりするのを見たかっただけ。それに私が気づくのは、「モラル・ハラスメント」という概念を知った後のことである。

私が離婚したくないと思っていること、私の母がどんなに強気なことを言っても、決して離婚はさせないだろうことを夫は読んでいた。

モラル・ハラスメントのハラッサーは、ノーと言えない相手にはひどく威丈高《いたけだか》になる。たとえば、自分の部下やお店の店員、タクシーの運転手など、自分が絶対優位の立場にいると、無理難題を相手に押しつけることが多い。相手が「できません」などと言おうものなら、いきなり怒鳴り散らしたり、イヤミなことを言ったり、意地悪を始める。この騒ぎは、その典型なのだった。

出産まで、夫は家事をいっさい手伝わず、食事が終わるとゴロリと横になった。私がどんなに大きな荷物を抱えて歩いていても、まるで私が存在していないかのように、知らん顔をしていた。

出産の時、一応、産院へは連れて行ってくれた。でも、私は、「ひとりで大丈夫だから帰って」と言った。この人と一緒では、「まだ生まれないのか！　早く産め！」と怒鳴られそうな気がしたのだ。とにかく、そばにいてほしくなかった。

ほかの妊婦さんたちが、夫や母親に腰をさすってもらっているのを横目で見ながら、私はひとりで陣痛に耐えていた。

生まれたのは未明。女の子だった。「お父さんへ電話しましょうか？」と言う助産婦さんに、「いえ、六時を過ぎてからにしてください」とお願いした。寝ているところに電話などしたら、ただでさえ不機嫌なのに、もっとひどくなる。出産という人生の一大イベントにも、私は夫の機嫌ばかり気になった。彼が面会に来たのは、産まれた日に五分、名前をつける時に五分。大容量の不機嫌オーラをふりまいていた。

長女の香子《かこ》も長男と同じく早産で、小さな小さな赤ちゃんだった。

●エリート型かヒモラ型か

モラ夫には、いくつかタイプがあるが、一番わかりやすいのはエリート型とヒモラ型である。

エリート型は、文字どおり小さなころから優秀で、苦労をまったく知らずに育った場合と、家の事情などで経済的に恵まれず、辛酸《しんさん》をなめながら成功した場合とに分かれる。前者は人の痛みがわからず、後者は自分がした努力を他人にも強要する。そして、できなければ罵倒《ばとう》する。

ヒモラ型は、自営業や芸術関係の人に多く存在する。自営業者は、無計画に会社を作ってはみるが、自分中心のいい加減な経営で、結局うまくいかない。面倒なことは妻に押しつけて、失敗を人のせいにする。芸術家タイプは、小説家や演劇人などとしての成功を夢見るが、地道な努力をしないため、成功にはほど遠く、そのイライラを妻にぶつける。

エリート型、ヒモラ型のほかに、二面性があまりない「暴君ネロ型」、舅姑などと一緒にハラスメントを行う「冬彦《ふゆひこ》さん型」、冷徹に計画を立てて実行する「レクター博士型」などがある。彼らは、自分の思うように事が進まないと、すぐにキレる。なぜなら、彼らの頭のなかで自分に都合のいいサクセスストーリーが出来上がっており、その通りになると固く信じているからである。小説家を夢見るモラ夫は、かならず芥川賞を受賞すると思い込んでいるし、会社員のモラ夫は自分の企画がかならず通るに決まっていると信じている。それが実現しないのは、まわりの人間が無能だから自分の才能を認めないか、自分の才能に嫉妬しているからにちがいないと思い込んでいる。

第三章　亭主関白という名の精神的暴力

ジュリアンとの関係は完全に一変した。役を演じおえた役者がふだんの顔つきに返るように、新婚旅行から帰って以来、ジュリアンは別人のように見えた。ジャーヌのことを気にかけることなどほとんどなかった。話しかけることさえあるかないくらいであった。すべての愛の痕跡は突如として消え失せた。ジュリアンが妻の部屋へはいって来る夜はまれになった。

夫は財産の管理と家の差配を自分の一手に引き受けていた。

——『女の一生』モーパッサン、岩波文庫、114p

後出しじゃんけん攻撃

夫は朝一番に、よく食べる。だから我が家の朝の食卓は、まるでホテルの朝食バイキング並みだった。テーブルに収まらないほどのおかずから、夫は気に入ったものだけ食べる。私は朝食用のおかずを、かならず前の晩から仕込みをした。目玉焼き一個、焼き魚一匹、納豆一パック、煮物、和え物、漬け物、ハム・ソーセージといった肉類などなどすべて一人前ずつ作っておく。そのなかから気に入ったものだけを夫は選んで食べ、残ったおかずが私と子どもたちの食事になる。

どんなに一生懸命用意しても、夫の気に入らない日がある。

毎朝、私は台所に立ち、夫が着席するのを待った。すぐに座れば良し、そうでない時は心臓が高鳴った。夫はじっと立ったまま、テーブルの上のおかずを睨《にら》みつける。不機嫌のサインだ。夫は数分間睨み続け、やがて乱暴に戸棚からカップ麺を取り出してお湯を注ぐ。

ラーメンを食べ終わると、こんどは私を睨みつけ、「俺に何でメシを食えと言うんだ！」と怒鳴《どな》る。それから何週間か、口をきかなくなるのであった。

我が家の禁句は「今夜、何が食べたい?」だった。これを言うと、夫はみるみる機嫌が悪くなり「何でもいいから自分がいいと思ったものを作れ!」と怒鳴った。作って出せば、こんどは大きなため息をつき、またカップ麺をひとつ出す。

モラル・ハラスメントのハラッサーの特徴的な行動のひとつに、「後出しじゃんけん攻撃」というのがある。

何かやれば「なぜやったのだ!」と怒り、やらなければ「なぜやらないのだ!」と怒鳴る。「これこれをやっていいですか」と聞けば「そんなこと聞かなければわからないのか!」、聞かないと「なぜ聞かなかったのだ!」と叫ぶ。何をしても、あるいは何もしなくても彼らは怒り、叱られた妻は縮み上がり、必死で許しを請う。なぜ彼らは具体的に要求を言葉にしないのか。答えは簡単。それは、自分から指示を出してしまえば、攻撃材料がなくなってしまうからである。

冷蔵庫チェックの恐怖

食事と同様、しばしば攻撃材料となったのが、冷蔵庫の中身だった。

夫はよく冷蔵庫を開け、なかの物を取り出し、一つ一つ手にとって睨みつけては、ゴミ箱に捨てていく。「なんで腐った物を冷蔵庫に入れておくんだ！」と、昨日買ったばかりの野菜もポンポン捨てる。新鮮な果物も、「俺が腐っていると言ったら腐っているんだ！」と容赦ない。そうして冷蔵庫をからっぽにすると、猛然と怒りだす。万が一、賞味期限切れの物などあったら大変である。

別の日の朝、こんどは冷凍庫の物を全部ゴミ袋に入れている。冷凍庫というものは、アイスクリームを入れたり氷を作ったりするところで、食べ物を凍らせるところではないというのが夫の言い分だった。仕事が一〇分遅く終わったら、買い物はできない。買い物ができなくても、とにかく夕食は絶対六時半までに食卓に並べなければならない。だから、ある程度の食材は冷凍保存しておきたいのに、夫はそれを許してくれない。

「作る時間がなければ、総菜を買ってこい」と夫は言った。それではと、総菜を並べると、何も言わずにそっくり残すことも多い。山ほど手料理を作っても、それが怒りの的になることもある。

「こんなにたくさん、いったい誰が食べるんだ！　お前、金が余っているのか！」

作っても怒鳴られ、作らなければ不機嫌。どちらを選んでも、待っているのは罵声《ばせい》しかない。

楽しいはずの外食が暗転

「お前が大変だろう」と、夫は週一度夕食を外食にしてくれた。外食と言ってもラーメン程度であるが、それでも私は大助かりだった。それは食事の支度をしなくてもいいということよりも、私の作ったものではないので、文句をつけないということのほうがうれしかった。

冬のある日、少々ご機嫌が危なかったが、「いつもの回転寿司でいい？」と言うと、かすかに首が縦に動いた。「さぁ、乗って乗って」と子どもたちを車に乗せると、夫ものそりと乗ってきた。店に着くと思いのほか混んでいる。「こりゃあ三〇分は待たないといけないね」と夫の顔をのぞくと不機嫌モードになっている。「ここはあきらめて、お蕎麦《そば》でも食べに行こうか」と話を向けると、またかすかに首を縦に動かす。とにかく彼のお腹のなかに何か入れなければ危ないと私のアラームが鳴るので、急いで蕎麦屋に車を走らせた。

店に着いて降りようとすると夫が動かない。子どもたちは先に降りて、車の横で待っている。「ほら、着いたよ」促しても夫は降りようとしない。「どうしたのパパ？」と恐る恐る尋ねると、「俺は蕎麦なんか食いたくない！」と歯をむき出して叫んだ。「じゃ、家にもどって何か作ろうか」

頭のなかで冷蔵庫にある食材を必死で組み立てるが、この状態の夫に供せる献立は思いつかない。「俺は食いたくない！」と怒鳴ると財布を私に投げつけた。「お前らだけで食ってこい！」。三人でわらわらと店に駆け込み、一番早くできるものを注文した。体のどこに入ったのかわからない状態で蕎麦をすすりこみ、急いで車にもどると夫は身じろぎもせずカッと目を見開いて正面を睨みつけていた。厳寒の夜である。車内で夫の吐く息は白くフロントガラスを曇らせていた。

「ごめんね、パパ」と財布をもどすと、夫は何も言わず顔を正面に向けたまま、白い息を吐き続けていた。こうやっておよそ三〇分以上、夫は怒りを溜めて私たちを待っていたのだろう。しかし、私たちはどうすればよかったのだろうか。

ある人に問えば「外食なんかに行かなければよかったのに」と言われ、別の人に聞けば「ちゃんと旦那さんが何を食べたいか聞かなきゃ」とたしなめられる。そして私は後悔し、途方に暮れる。

夫の攻撃にはマイブームがあった。ある時は冷蔵庫攻撃に凝り、ある時は掃除攻撃が続く。この「車内でひとり待っている」攻撃はその後数回続いた。「今日は外食に行こう」と夫が言うと、真太郎《しんたろう》がブルブル震えて私の袖《そで》にすがり、「ママ、やめようよ」と言うようになった。しかし「行こう」と夫が言うからには行かなければならない。そして行けば機嫌が悪くなる。それでもPTAの仲間たちからは「お宅はいつも外食でいいわね」と羨《うらや》ましがられた。

悪いことはすべて他人の責任

モラル・ハラスメントのハラッサーの大きな特徴のひとつに、「責任をとらない」ことがあげられる。何か事件が起きても、それを全部他人のせいにしてしまう。

DV殺人で、妻を殺しても「妻が口答えをするのでついカッとなって」と言い訳をする夫がその典型である。どこまでも自分は悪くない、口答えをした妻が悪いと彼らは主張する。それが報道されると、「奥さんも口答えしないでハイハイと言っていればよかったのに」と、世間も加害者を援護する風潮がある。

ハラッサーは口がうまく、外では「優しい、いい人」を装っている場合が多い。モラル・ハラスメントの仲裁に誰かが入っても、ハラッサーは上手に嘘をつき、言葉巧みに

「相手が悪いから」と言ってのける。彼らに丸め込まれた仲裁者は、「奥さんもちゃんとしないと」と言い出し、まるで被害者のほうが悪いようになってしまうことがよくある。ハラッサー相手に調停、裁判を起こす場合は、彼らの性質をよくよく知っている弁護士に頼まなければならないという所以《ゆえん》がこれである。

ハラッサーは、「逆コナン」と言える。「名探偵コナン」は、体は子ども、頭脳は大人だが、ハラッサーの場合、体は大人、精神は三歳の子ども並みである。しかも困ったことに、権力をもち、知能は大人なのである。

ハラッサーは、育ってきたどこかで、精神の成長が止まってしまったのである。まわりの人間は大人の姿をした三歳の暴君に振り回される。

あたり一面に散らばっているおもちゃを投げつけ、「買ってくれなきゃ泣くぞ！　ボク、もうママとお口きかない！」と背中を向ける。何かをしでかすと「ボクが悪いんじゃない！　ママのせいだ」と絶対に責任をとらない。しかも、この暴君はまわりの人たちに「ママがボクをいじめる」と嘘をばらまく知恵がある。

彼らはママなしには生きていけない。ママが「もう知らない！」と後ろを向くと、大泣きしてすがりつく。「ボクを置いていかないで」

それは、小さな子どもだから許されることで、大きくなった彼らには、大人としての分別が必要なはずである。しかし、周囲の人間は口をそろえて、「男っていつまでも子どもなのよ」「甘えたがりなんだよ」と、男が子どもでいることを受け入れるよう女性に求める。どうして女に、いつまでも寛容で慈悲深い母親でいることを求めるのか。

男に甘い社会——。それが今日まで「モラル・ハラスメント」に支配された異常な家庭をそこかしこに生み出した、大きな要因のひとつではないだろうか。

妻の病気は絶対に許さない

夫が家にいると、私は心も体も休めなかった。

夫が大きな目でギロリと睨んだ先に、夫を不快にさせるものがある。夫を不機嫌にさせるものがいったい何なのか、ハラハラしながら彼の視線を追った。

ある時はタオルの掛け方、ある時は新聞の置き方、そしてある時は水道の蛇口の閉め方だった。きっちりと閉めると「パッキンが傷《いた》む」と言って怒鳴られた。ゆるめに締めると、ゆるすぎると怒られた。水道の蛇口は無意識に閉めるので、私は体で覚えるよう、蛇口の閉め方を何度も練習した。

午後六時半。いつもの時間に夫が勤めから帰ってくる。玄関のドアを開け、風呂場に行く音がした。不気味な静寂。数分間、物音ひとつしない。胸騒ぎを覚えて風呂場へ行くと、夫が、からっぽのバスタブを睨みつけ、突っ立っている。何か不手際があったのかと、私は青くなって風呂場を見回す。

「なんで風呂のフタが閉まってないんだ！」

バスタブを洗った後、フタを開けたままにしていた。お湯をはっていないのに、なぜフタをしなければいけないのか、そんなことを考えている暇はない。

「ごめんなさい。閉めておけばよかったね」

震える手でフタを締めた。夫は憮然《ぶぜん》としたまま玄関へ向かい、家が壊れそうなほどの勢いでバシーンとドアを閉めた。そして一晩もどらなかった。

夫は、私が病気になると、とたんに不機嫌になった。

熱が出ると、私は解熱用の座薬で熱を下げ、しゃかりきになって家事をし、知らんふりして寝た。私の病気は許されなかった。夫はといえば、自分がちょっとでも熱が出ると、不機嫌オーラを発散させ、ドタバタと足音高く家のなかを歩き回り、俺はこんなに大変な思いをしているんだぞと無言のアピールをした。

夫の趣味は、テレビと漫画だった。また、ビデオを見ることが最大の楽しみで、レンタルビデオショップへ週一回、多い時は二、三回、通っていた。送迎担当は、もちろん私である。夫がビデオを選んでいる間、私は店のなかで子どものお守《も》りをしながら待っていなければならない。そうそう新しいビデオが入荷されるわけはないのだが、そのつど、箱の説明をじっくり読み、あっちの棚こっちの棚と、時間をかけて店内の隅々を見てまわる。息子は「早く帰ろうよ〜」と私の袖《そで》を引っぱり、私は眠くてぐずる赤ん坊を抱いてあやす。家には山のように家事が待っている。夫は「お前も選べ」などと言って、通路を行ったり来たりしている。これが毎週くりかえされた。

言い返せば百の罵倒が待っている

「何で言われっぱなしにしているの？　言い返せばいいのに」「自分の思っていることを、ちゃんと伝えなさいよ」

そう助言する人は多い。だが実際は、言い返すことなど不可能だ。

もし、一言でも言い返せば、百の罵倒《ばとう》が待っている。一日の無視で済むところが一ヵ月になる。なによりその攻撃が矛先をかえ、子どもに向かうのが一番つらい。

子どもに向かって、お前の母親はどんなにダメな人間か、最低な母親か、延々と夫は話して聞かせる。幼い子どもは、「お母さんがちゃんとしていれば、お父さんは怒らないのに」と母親を恨《うら》むようになる。

成長した子どもが、「こんな父親から母を守りたい、救いたい」と脱出に手を貸そうとすることもある一方で、父親と一緒になって母親をいたぶる子どももいる。

DV家庭で一番問題なのは、そういう夫婦関係を見て育った子どもが、親と同じふるまいをする、いわゆる「負の連鎖」状態におちいることである。つまり、母親を愚弄《ぐろう》する父親を見て育った子が、自分の母親を罵倒し、結婚すれば、妻や子に同じことをくりかえす。それがDV家庭の「負の連鎖」である。

もちろん、「自分は絶対あんな親にはなるものか」と、育った環境を否定し、理想の親になる人も少なくない。どの方向へ子どもが進むのか、わからない。自分がしっかりしてさえいれば大丈夫、と言う母親もいるが、そう簡単なものではないと私は思う。

ドメスティック・バイオレンス

ドメスティック・バイオレンス（DV）は、一般的に、身体的暴力ばかりが先行して伝えられて、誤解を招いているが、殴る蹴るの暴行に限らない。

DVは、主に身体的暴力、精神的暴力、社会的隔離、経済的暴力、性的暴力の五つに分けられる。身体的暴力をふるう人間は、この五つのDVすべてを行っている場合が多い。そして、身体的暴力を受けている人は、一様に精神的暴力のほうがつらかったと証言している。

傷ついた体はいつか治る時が来るが、心の傷はいつまでもじくじくと膿《うみ》を溜めている。加害者の発する刃物のような言葉で精神的に大きなダメージを受け、PTSD（心的外傷後ストレス障害）を抱えてしまう人もいる。いくら耳をふさいでも、彼らの言葉は容赦ない。被害者は、執拗《しつよう》に嘲弄《ちょうろう》され、非難され、人格を否定され、谷底まで引きずり落とされてしまう。自分さえしっかりしていればと頭で思っても、真綿で首を絞められるがごとく、妻も子どもも、じわりじわりと心を破壊されていくのである。

DVのひとつ、「社会的隔離」とは、妻を孤立無援にさせることで、DVを行いやすくするために血縁者、友人知人との交際を妨害または禁止することである。

ハラッサーは、巧みに妻を孤立させる。

主婦のうつ病や自殺、もしくは自殺未遂の理由を調べてみれば、きっとたくさんのモラル・ハラスメント被害者がいるにちがいないと私は思っている。

私はもともと母と折り合いが悪いので、積極的に実家へ帰ることはなかった。母は、家庭の不和は気の強い私のせいだと暗に言い、ひたすら私が耐えて家庭を存続させることを望んでいた。長女の妊娠中、「あの人がやっているのは小学生のイジメと同じだ」と気づいてもなお、耐えろと言い続けた。

夫はその後、着々と母の信頼を取り付けていた。実家で、私が母に夫の話をすると、最初はふんふんと聞いているが、そのうちに「あんたがそうさせたんじゃないの？　男の人は外でストレスを溜めているんだから、ちゃんとあんたが受けとめてあげなさい」と怒鳴った。しぜん、私は家庭のなかのことを母に話さなくなった。母もそれを望んでいた。「平穏無事につつがなく」家庭が存続していれば、それでいいことなのだ。外面さえ保っていれば、私がどう苦しもうと、彼女には関係のないことだった。

ボクを見るパパの目が違う

長男が小学生のころ、ＰＴＡに行って、仲良くしているお母さんから声をかけられた。「お宅の真太郎、いつも誰かの陰に隠れてオドオドしているよね」

私はドキリとした。原因はわかっていた。

夫が真太郎に対して、きつくあたっていたからである。真太郎は少々のんびり屋さんで、石橋を叩いて渡るような慎重さがあった。その慎重さがもどかしいのか、夫はときどき息子を冷たく横目で睨みつけ、心ない言葉を浴びせていた。

真太郎が、「香子《かこ》とボクとではパパの見る目が違う」と私に訴えたことがある。「そんなことないよ。気のせいだよ」と慰めたが、小さい胸を痛めている息子がかわいそうでならなかった。あるがままの自分を受けとめてもらえない悲しみは、私が一番よく知っている。親が自分を嫌っている。そう感じることで、真太郎の心にどれほど大きな傷を負わせてしまったか。今思うと、悔やんでも悔やみきれない。

夫は、人前に出ると、穏やかで快活な人に早変わりし、子煩悩《こぼんのう》な父親を演じきった。園や学校の行事には率先して参加し、力仕事の手伝いも進んでやった。

「優しい、いいお父さんですね。うらやましいわ」

この言葉を何度聞いたかわからない。

人前で、私が夫に対して「あなた、これやってよね！」などと強い言葉を向けると、その日は一日機嫌がいい。そうすることを夫が望んでいるとわかると、私は次回からもそういう行動をとる。まわりの人から見れば、私はさぞかし気の強い女であり、我が家はカカア天下に見えたにちがいない。

夫の機嫌がよくなることだったら、私はどんなことでもやるようになっていた。

夫が始終、陰険で横暴だったかというと、そうではない。私の誕生日には大きなバラの花束を抱えて帰ってくる。うたた寝をしていると、そっと毛布をかけてくれる。そのたびに、私の胸には「悪い人ではないのだ」という思いが湧いた。

「あの人は私に何をしてくれたか」と、指を折って数えてみる。

「家を建ててくれた」「子どもを授けてくれた」「毎年旅行に連れて行ってくれる」「明日の米があるか心配しなくてもいい」「両親を大切にしてくれる」「ゴミの日にかならずゴミを捨ててくれる」……。一〇本の指は全部折られた。

「だから私は幸せなんだ」

いつも私はひとりでいる時、幸せの数を数えていた。

お母さん仲間と集まると、話題になるのは夫と子どものことばかり。私が夫のことを話すと、「あら、ウチだって同じよ。口をきかないって、ウチだって先週ずっと口きかなかったわよ」「仕事でストレス溜まってるんじゃないの？　ウチのも怒鳴ってばっかりよ」と、彼女たちは言う。それよりリストラで会社を辞めさせられてからまったく働かない夫や、浮気をくりかえす夫の話を聞くと、じつに切実な問題であり、私の悩みなど小さなことに思えるのだった。

モラ夫は家族旅行がお好き

夫は飛行機恐怖症だったが、旅行は好きで、毎年かならず大きな家族旅行をした。行き先は、いつも決まって夫の大好きな京都。年端《としは》も行かぬ子どもには、面白いわけないのだが、夫の希望は絶対だった。

一度だけ、泊まりがけで東京ディズニーランドに行ったことがある。

京都とはうってかわって、子どもたちは大喜びで、園内を駆け回った。夫は終始むっつりと押し黙り、いちいち動作が荒々しい。午後になると、夫は子どもたちを叱りつけ、夜に備えて昼寝をしにホテルへ帰ると言いだした。言われたとおりホテルにもどるも、子どもたちは興奮していて昼寝などできるわけがない。夫だけが特大イビキをかいて爆睡《ばくすい》し、子どもたちは「早く行こうよ！」と部屋のなかを走り回った。

夕刻、ようやくディズニーランドにもどれたかと思ったら、まもなく夫の夕食時間になった。夫は休日、五時きっかりに夕食をとらなければならない。遊びたい子どもたちをなだめすかしてレストランに入った。

子どもたちは、夫の爆睡中に、おやつをたくさん食べたので、食欲がない。「食べましょう」と声をかけても箸《はし》が進まない。「おやつ食べちゃったから、あんまりお腹すいてないかな」と私が言うと、「腹も減ってないのになんで頼むんだ！」と夫が怒鳴った。しかし、頼まなくとも怒鳴られるのだ。お腹がすいていないから食事は後にしましょうと言えば「なぜ腹がすかないのだ！」と怒鳴られる。夫と結婚してからずっと、私はいつでも夫に合わせて食べられるように、空腹の一歩手前の状態にしていた。しかし、同じことを小さな子どもにさせることなどできない。

なんとか夕食をクリアし、閉園ぎりぎりまで遊んで、ホテルに帰った。すると、機嫌の直った夫が、子どもにアイスクリームを食べさせると言いだした。香子は帰る途中、夫の背中ですでにぐっすりと寝ていた。

時間はもうすぐ一一時。一日じゅう走り回って、真太郎はくたくたに疲れ果てていた。ホテルの喫茶ルームでチョコレートパフェを頼むと、待っている間に真太郎はコックリコックリ舟をこぎ始めた。「さあ、来たぞ。食べろ」と夫。私が真太郎を突っつくと、彼は薄目を開けてスプーンを取り上げる。食べながら、眠気が勝るとまたコックリコックリ。しだいに夫はイラついてきた。

「食いたくないのか！　早く食え！」

私は心のなかで、（お願いだから起きてちょうだい。お願いだから食べてちょうだい）と懇願する。

夫の怒りがすぐにも頂点に達すると、顔つきを見てはっきりわかった。一刻も早く夫の目の前からこのパフェを消してしまわなければならない。

「ママが食べちゃうからね〜」と、スプーンを子どもから取り上げ、食べ始めた。安心したのか、真太郎は、ぐったりと横になって寝始めた。

「わ〜、おいしい！　なんでこんなおいしいのに真ちゃん食べないの？」と言いながら、夢中になって頬張った。頬張りながら、なぜこの人は、こうなのだろう。なぜ人を思いやることができないのだろうと、情けなくて悲しくて、涙がこぼれそうだった。夫は、パフェを食べて喜ぶ子どもたちを見たかったのだろうが、夜一一時を回ってから子どもにそれを求めるのは無理だ。

夫は、外ではとても思慮深く、まわりのことをきちんと考えて行動する人である。自分の親兄弟にも気をつかう。けれど家ではそれができなかった。
密室である家のなかだけでは……。

トラベルはトラブルの連続だった

家族旅行は、つねにスリル満点だった。夫の好きな京都に行けばご機嫌かと言うと、そうではない。帰ってくると、旅行中、私がこう言った、しなければならないことをしなかったと言って、また口をきかなくなる。

たとえば旅行中、「今日は暑いね」と言えば、「暑い、寒いを言うなら旅行なんかに来るな！」と怒鳴り、「疲れたね」と言えば「疲れるのが嫌なら帰れ！」と怒鳴る。楽しい、うれしい、連れてきてくれてありがとう以外の言葉は禁句だった。

旅行中、食べた物が気に入らなければ、まずいと言って怒りだし、しだいに興奮し始め、「うまいか！　こんな物がうまいか!!」と箸を叩きつけて席を立つ。

夫は、面識のある人の前では「外の顔」を作り、そうでない人には「内の顔」で接する。旅先では、自分を知る人はいないので、「内の顔」になるのである。

「トラベル」は「トラブル」と一文字違いだが、予定どおりにいかないことがじつに多い。だから夫が機嫌を悪くする危険性も高い。七五三、クリスマスパーティ、お正月といったイベントも同様である。何かひとつでもうまくいかないと、彼の顔つきはサッと変わった。イベントのたびに事件が起きるので、私は日常生活以外のことをするのが嫌いになった。とはいえ、日常生活でも事件は絶えなかったが……。

子どもが大きくなっても、夫の旅行プランは変わらなかった。

ある年、「八月七日から三泊四日で京都に行く。手配、しておけよ」と言われた。やれやれ、また旅行か、気が進まない。でも逆らうわけにはいかない。彼の気に入りそうな「安くて腹一杯メシが食える宿」を探すため、電話をかけまくる。二食付きで一万円を超えない宿は、国民宿舎など限られた所しかない。夏のシーズンだから当然みんな予約で一杯だったが、やっと一部屋空いている宿を見つけた。

「宿、取れたから」と言うと、「よしよし」と夫は笑顔になる。

ところが二、三日してから、夫が、「行けないことになった」とぶっきらぼうに言った。あまりの機嫌の悪さに、「なぜ？」とも聞けない。キャンセルしなくてはと思いつつ、何か予感がして、キャンセル料金が発生するギリギリの日まで待つことにした。

案の定、「こんどの京都、どっち方面に行く？」と、夫が浮かれだした。ああ、キャンセルしなくてよかったと思う。翌日、職場から帰ると、「行けるわけないだろ！」と怒鳴りだす。

私は途方に暮れた。一家四人分の旅費は、すでに私が支払っている。当然キャンセル料も、私の支払いになるだろう。

最後の確認をしようと思い、夫の職場に電話を入れた。職場に電話をすると、たいてい夫は機嫌がいい。だから、大事な話がある時は、決まって職場に電話をしていた。ふつうは家から職場に電話があるのは嫌だろうに、変わった人だ。

「旅行、どうするの？　本当に行かないの？」「ああ」「本当に行かないのね？」「ああっ」「そうですか、わかりました」

私は駅に行って、夫の分だけキャンセルの手続きをした。

子どもたちもそれなりに楽しみにしている夏の旅行だから、彼らまでキャンセルはかわいそうだ。三人で行こう。私はそう決めた。ところが、出発の前の晩、夫が旅行の荷造りを始めた。（行く気だ！）血が逆流した。

彼は予定も気分も、くるくる変わる。油断はできないと覚悟はしていた。夫の分だけキャンセルしたとは、まちがっても言えない。何も言えないまま、出発の朝が来た。

四人そろって家を出て、駅に向かう。はしゃぐ三人の後ろを私はトボトボとついていく。いつ言えばいいのだろう、どう言えばいいのだろう……。

駅に着くと、「切符は?」と夫が手を出した。

「うん、今買ってくるからね。あなた、行かないって言ったからキャンセルしたのよ」

言ってはいけない、言ってはいけないと思っていた言葉が、あまりの緊張のためか、つい出てしまった。夫の顔がみるみる真っ青になり、怒りのマグマが噴き上がった。

そして、くるりと背を向け、家に向かって歩き出そうとした。

「待ってよ、あなた行かないって言ったじゃない!」

「ああ、行かない! 行かない!」

とんでもないことになったと震えていると、「パパっ、行こうよ。一緒に行こうよ」

と真太郎がなだめに入る。

「パパは行かないっ! お前らだけで行け!!」と夫。「そんなこと言わないで一緒に行こうよ」と真太郎。駅舎の前で、行くの行かないの大騒ぎだ。

「ね、ね、パパ。一緒に行こ? 行こ?」と、赤児《あかご》をあやすように真太郎が夫をなだめる。夫の足の向きが、やっと駅を向いた。そのチャンスを逃がさず、さっと切符を買ってきて、夫の手に握らせた。「ほらほらパパ、早く早く」香子がすかさず手を引く。

不思議なことに、この旅行中、夫は激怒することも、ひねくれることもなかった。夫がまともだったら、見捨てられる恐怖をこれで学習できたかもしれない。この時のことを忘れなければ、彼にとっての悲劇は起こらなかったかもしれない。ハラッサーは反省することができない。そのことが命取りになる。

モラハラ気質は代々受け継がれた

義父は気むずかしい人だった。私や兄嫁には、無理難題を押しつけることはなかったが、義母と三人の息子たちには、なみなみならぬ苦労があったようだ。

義父は、息子たちや学校の担任が、どんなに切望しても、決して大学へ進学させようとはしなかった。「担任の先生が『どんなところにも推薦状を出しますよ』って言ってくれたんだけど、絶対に大学へは行かせないって、あの人ががんばって。あの子たちにはかわいそうなことをした」と、義母は私に打ち明けた。

長男は、高校を卒業すると、母を弟たちに託して逃げるように出ていった。次男も後に続いた。残ったのは三男の私の夫である。長男は、かなり遠方に住んでいることもあって、会ったことはなく、義父の葬式でちらと姿を見たのが最初で最後だった。盆暮れになると、次男は家族を連れて帰ってくる。そのたびに義姉から義兄の独裁者ぶりについて、よく愚痴を聞かされた。

義姉によれば、義兄は気に入らないことがあると怒鳴り散らす。子どもが夜泣きをしたと言っては襖《ふすま》を叩き壊し、気に入らないおかずを出せば、まるでこの世の終わりかと思うほど激昂《げっこう》する。金使いも荒く、自分の小遣い分を引いて手渡される生活費では食べていくのがやっとで、義姉の衣服は端切れを買って縫っているという。

転勤族の専業主婦では、離婚しても翌日から生活に困ってしまう、だからあきらめなきゃいけないのかしらねと、義姉は肩をすくめた。嫁同士、慰めあうのが年中行事となっていた。

義姉は、夫の実家に来ている時、「頭痛がする」と言って寝込むことが多々あった。おそらく、家庭生活でのさまざまなストレスが、頭痛となって現れてくるのだろう。

義姉は私に言った。「もう自分の実家へは何年も行っていないわ。行こうとも思わない。行けばあの人がどんなに大騒ぎをして怒鳴りまくるかわかったものじゃないから」

「ここに来るのも大変なのよ。なにしろ突然『行くぞ』ってくるでしょう？　今日はまずいぞと思う日は子どもたちにも遠くへ行かないように言っておくの。『行くぞ』と言ってからすぐに動けるよう旅支度だけしておいて、子どもを『早く、早く』とせき立てて、一時間後には出発しなきゃまた怒鳴りだして大騒ぎになるから」

「なんでこんな人と結婚したんだろうっていつも思うわ。結婚式まではものすごく優しい人だったのに、結婚したとたん別人のようになってしまって。新婚旅行の時も着いたとたんパチンコに行っちゃって、その後もずっとパチンコ。新婚旅行のホテルの部屋で私はひとりで途方に暮れてたのよ」

この家の男たちは「結婚するまで猫をかぶれ」ということを代々語り継いできたのだろうか。それともDNAの螺旋《らせん》に潜ませているのだろうか。兄も弟もそっくり同じ行動をする。遺伝なのか、学習なのか。

結婚して不思議に思っていたことがあった。

義父、義兄、そして夫。少しずつタイプの違う「亭主関白」。気が小さく、外では社交的で優しい。ただし、義兄は外でもワンマンなところがあり、その横暴さを知る職場の人からは、同情されると義姉は言った。この点は、家と外でガラリと変わる夫とは違った。夫は自分の親兄弟の前でも、「外の顔」を装った。夫の家族は、夫だけは、義父の気質を受け継がなかったと信じて疑わなかった。

正月の朝、三人の女はそれぞれ自分の亭主の餅《もち》を焼く。焼き網にのせた餅は、義父にはこんがり焼き色をつけ、義兄にはそれより薄い狐色。夫の餅は絶対焦げ目をつけてはいけない。このほうが好き、ではなく、こうでなければならないのだ。三人の女は世間話をしながらも、目はそれぞれの夫が食べる餅の焼き色を真剣に見る。この瞬間、毎年私は同じ感慨にふけった。

なぜこの三人がここに集まったのだろう——。

義母、義姉、そして私。三人とも我慢強く、明るく、行動的。向上心、好奇心が旺《おう》盛《せい》。この家に嫁いだ女は、不思議とよく似た性格をしていた。

離婚する二年前の夏、私は義姉に、初めて我が夫の実像を打ち明けた。すると、義姉は言った。「この家の悪は、絶対に次の世代に繋《つな》いではいけない。私たちがこの悪を絶たなければならない」

その年のお盆は、とくに暑かった。夫の実家の窓には網戸がない。エアコンもない。義父は、「窓を開けると虫が入ってくる」と言って、どんなに暑かろうが、いつもぴたりとガラス窓を閉めていた。

義父母、義兄一家、そして私たち家族の一〇人が、お盆の食卓を囲んだ。昼間の熱気はやや薄れたとはいえ、まるでサウナのように蒸し暑い。全員、額に汗をにじませて、ご馳走《ちそう》を黙々と食べる。汗は玉となって首筋を流れる。誰一人、「暑い」とは言わない。義母も、義兄も夫も、義父の手前、言えないのだ。全員が暑さでうなだれるなか、扇風機だけが夢中になってブンブンと首を振り、湿ったなま暖かい空気をかき回していた。その時、突然、義姉が立ち上がった。「暑いっ!!」そう怒鳴ると、つぎつぎにガラス窓を開けていった。「暑い！　暑い！　暑い！　暑いっ!!　虫なんか入ったっていいっ!!」義姉につられるように、男たちも立ち上がり、嬉々として窓を開けていった。義父は怒鳴ることも忘れ、呆気にとられて義姉を見ていた。

「蚊取り線香を焚けばいいよ」

窓の下に蚊取り線香を置いた。義父を除く家族全員が、笑顔で涼しい夜風を喜んだ。

息子たちは、父親を気づかい、のぼせるような暑さのなかにあっても「暑い」と言えず、窓を開けることもできない。この家に暮らしてきた彼らにとって、父親が黒いものを白いと言えば、それは白なのだった。彼らが反論しないのは、義父がただ怖かっただけではない。義父を怒らせれば、その怒りの矛先が自分の母親に向けられるのをよく知っていたからだろう。お盆の楽しい親戚同士の交わりも、義父の怒りによって、一瞬にして暗い葬式になる。

父親を怒らせないためには、いっさい逆らわず、父親に同調して従うこと。それは長い間、彼らの体に染みついた悲しい習慣だった。

「俺は絶対、父親のようにはならない」と、夫は何度も言っていた。悲しいことに、彼は父親と同じ轍《てつ》を踏んだのだ。

インターネットの風に吹かれて

バブルが終わり、ウィンドウズ95が世に出て、私の職場でもLANの回線が引かれた。私はもともとコンピュータに興味があり、自分でBASICのプログラミングをして仕事に使ったりしていた。コンピュータは、計算をするための、たんなる機械ではなかった。そこから広がるインターネットの世界は、それまで見たことも触れたこともない外の世界を私の前に連れてきた。

家と職場との往復だけだった生活に、新しい風が吹き始めた。

女性だけのメーリングリスト（ML。複数の人に同じ電子メールを配信できるシステム）に加入し、夢中になって読んだ。女性だけだから、しぜんと家庭の話題が多くなる。「夫といると安心します」「旦那は私になくてはならない人」と目を疑うようなメールがたくさんあった。私にとって夫婦とは、我慢しあいながら年をとり、「おじいさんも昔は大変だったけどね」と過去を振り返るものだと思っていた。

しかし、世の中の夫婦は、「今」慈《いつく》しみあっていた。どうも私の家は、よそとは違うようだ。そう気づき始めたのは、このころである。

気のあう友だちも何人かでき、個人的なメール交換も始まった。そのグループで、よくおたがいの近況報告をした。専業主婦の人も、仕事をもっている人もいて、さまざまだったが、私のような気むずかしい夫がいる人はいなかった。ときにはその配偶者も交ざって、ネット上でおしゃべりした。

夫は、私が家でパソコンを使うのをひどく嫌っていた。パソコンに限らず、なんであれ、自分より私が秀でることを、ことのほか憎んだ。

最初、夫から「電話回線は絶対に使わせない」と宣言されたので、家の電話線が目の前にあるのに、インターネットはＰＨＳで繋いでいた。その料金がめっぽう高額なので困っていたら、そのうち、ＮＴＴが「テレホーダイ」という料金割引サービスを開始した。これは、夜一一時から朝八時まで、いくらかけても毎月定額という料金プランである。定額だからと夫を口説き落とし、夜一一時になるのを待って、ネットに繋いだ。それでも零時を回ると「何をしている！　夜は寝るものだ！」と言って、夫はパソコンを叩き壊そうとした。そうして夫が暴れて、二つもモデム（コンピュータの通信用接続機器）を壊された。

夜一一時前に、どうしても繋ぎたい時は、こっそり繋いだ。

やがて、ケーブルテレビ局がインターネット通信を始め、「工事費が今キャンペーンで無料だから」「ケーブルテレビの料金は私が払うから」「ケーブルテレビを引けば、いろんなチャンネルが見られるから」と説得し、やっといつでも心安らかに繋げる「常時接続」にできた。

常時接続になっても、夫からの言いつけで、パソコンは零時までと決められていた。時間を決めてチャットをしていても、私は零時になると、「おやすみ」と言って電源を切らなければならない。話が盛り上がってきた時に電源を切るのは、いつもとても名残惜しかった。

ある夜、メンバーのひとりからメールが入っていた。

「子どもも大きくなったので、外に働きに行くことにしました。何年も職場を離れていたので不安だけど、夫が『ママならできるよ。ママがんばって』と励ましてくれるのでがんばります」

ママならできるよ。

ママがんばって。

その二行が頭のなかでリフレインした。この言葉って、何だろう？　妻を温かく励まし支える言葉――そんな言葉をかける夫がいて、言ってもらえる妻がいる。

夫に見つからないよう電気を消して暗くした部屋に、モニターの画面が青白く光っている。「ママならできるよ。ママがんばって」

光の前で、私は声を殺して泣いた。

●モラハラ被害者の特徴

・責任感が強い

この仕事は自分がなんとか成功させなければ、家庭は自分ががんばって守らなければと思う気持ちが強い。

・争いを好まない

嫌われるくらいなら、自分が我慢して相手に合わせようとする。

・人の役に立つことをするのが好き

人から喜んでもらうのが何より好き。見返りは求めない。

・基本的にまじめ

できるかできないかは別にして、完璧主義である。何にでも一生懸命取り組もうとする。

・劣等感を持っている。向上心がある

何かしらの劣等感をもっており、それを克服するために忙しく動き回る。

・明るくて聡明

世話好きなので、頼まれると嫌と言えない。頼まれなくても面倒をみる。サービス精神が旺盛《おうせい》で、座を盛り上げるのが得意。努力家で本をよく読むなど自己研鑽《けんさん》を積むことが多いため、ソコソコの知識がある。

・我慢強いがんばり屋

自分が我慢すれば波風が立たないと思うと、ぐっと堪《こら》えてしまう。どんな状況でも底力を発揮して、困難を乗りきってしまう能力がある。

・小さな幸せで大きな満足をもつ

人からのちょっとした好意で落涙するほどのうれしさを感じる。金銭よりも人の心を追い求めるため、給料三ヵ月分のダイヤモンドリングより、星空の下で指にはめられるプルタブリングで充分幸せを感じてしまう。

被害者には、機能不全家族のなかで育った、いわゆるアダルト・チルドレン（AC）と呼ばれる人たちの特徴が数多く見られる（機能不全家族とは、家庭としての機能を果たさなくなった家族のこと。アルコール依存症の親がいる家庭、親が神経症や精神障害など感情の起伏が激しい家庭、養育者・親による子どもへの虐待や放置がある家庭、親が子どもの自主性を認めない、過度の期待を子どもに押しつけるなど、子どもが安全と安心感をもてない家庭）。ゆえにACはモラハラ被害に遭いやすいと言われているが、実際はACとまったく関係のない、むしろ家族の愛情をたくさん受け、明るい穏やかな家庭で育った人が被害者になっている場合も少なくない。

第四章　私たちの苦しみには名前があった！

暴力を受けるのは、被害者が悪いせいでも、至らないせいでも、被害者の性格に問題があるせいでもありません。ですから、あなたが暴力の被害者であることを恥じる必要はまったくありません。（略）

「モラル・ハラスメント」という言葉は、「気づき」を与えてくれます。

あなたが味わってきた「よくわからない苦しみ」の正体が「暴力」であったことに気づかせてくれる言葉なのです。

もし、あなたが家庭の中で何をやっても責められ、言いたいことも言えず、やりたいことができず、苦痛や恐怖を感じていたとしたら、最も大事なことは、自分が「暴力」の被害を受けていると知ることです。「暴力」は身体に対する暴行だけではありません。

――『Q＆A　モラル・ハラスメント』明石書店、35〜36p

私が離婚を決意した夫の一言

ある日から、夫はまたいつものように口をきかなくなった。無視は一日で終わる時もあれば三ヵ月続く時もある。私は手帳にその無視の期間の記録をつけていた。無視の日数は年を追うごとに増えていった。最初のころはオロオロと青くなって夫の機嫌を窺《うかが》っていた私だったが、人間やはり慣れというものがある。また始まったかと放っておくと、彼はしだいにイライラしてくる。それを見計らってこちらから風船に針を刺すようにきっかけをつくってやると、一気に爆発させる。いちど爆発させると、あの時お前はこう言った、こうやったと次から次へと出てくる。

「そんなこと言った覚えはないわよ」と言えば、「自分の言ったことには責任を取れ！」と詰め寄り、その攻撃は延々と続くのがわかっている。言い訳ではなく説明であっても同じである。一言でも言おうものなら彼の怒りが増幅され、私の人格を否定する言葉を浴びせられるだけだから、私はただ黙って聞いているしかない。夫は私の言うことは、いっさい聞く耳をもたなかった。

「俺と対等だと思うなよ！」と言い捨てる。「このお願いだけは聞いて」と言っても、

「知りまっしぇん!!　あんたの言うことなんか聞きまっしぇん!!」と怒鳴《どな》るか、「できませんねぇ」と鼻で笑うかのどちらかでしかない。

その時もそうだった。延々と続く夫の罵倒《ばとう》のなかに、初めて聞く話があった。

新婚旅行の途中、夫が急に不機嫌になった理由である。夫いわく、パスポートをなくした私が、夫に向かって、「あなたは仕事があるから先に帰って。新しいパスポートができるまで私はここにいなくちゃいけないから」と言ったという（パスポートは、その後すぐに出てきた）。彼はその瞬間、「海外旅行が初めての自分に、ひとりで帰れと言った。こいつは何かあったら俺を見捨てるヤツだ」と思ったのだという。これが旅行中、急に不機嫌になった理由なのだそうだ。

海外からひとりで帰国するのはそんなに不安なものなのか。それを気づかず、彼に悪いことをしてしまった、と一瞬思った。しかし、その次の言葉に私はのけぞった。

「こいつは俺を見捨てる女だってわかったから、ずっと俺はお前のことを信じてこなかったんだ」

信じてこなかった？　何それ？　新婚旅行から今までずっと？

どんなに私が献身的に家事をし、自分のことは全部後回しにして彼のスケジュールを優先し、何もかも犠牲にしてこの家を守ってきたか。私の心がストンと音をたてて落ちた。妻を信じられない人と暮らす必要、ないよね。

結婚以来、離婚のことはいつも頭の片隅にあった。いつか、いつかと思いながら、離婚するかもと思いながらも、離婚は圏外だった。それが圏内になったのは、この時である。そして思った。バカだな、なぜこの男は本心を口にするのだろう。痴話《ちわ》げんかで口がすべったなんて言わせない。心にないことは、決して口に出ない。口では「ごめんなさいね」と謝りながらも、私は離婚の決心を固めた。

その日から、離婚調停、裁判も視野に入れ、証拠集めを開始した。離婚するまで、私の計画は深く、静かに潜行していった。

涙のクリスマス・プレゼント

その年のクリスマス、子どもたちにプレゼントを買ってあげると母がやって来た。「ゲーム機は買わないでね。旦那から絶対に高い物は買ってもらうなと言われてるから」と、私は母に念を押した。すると母は顔中しわくちゃにして、「いいじゃないか。ばあさんが孫に買ってあげるんだから」と突っぱねた。「ほかの人とは違うんだから。

あの人、普通じゃないんだから」と言っても、「ハイハイ、わかりましたよ」と母は軽く受け流し、子どもたちを連れてデパートへ出かけた。帰ってくると、ゲーム機の大きな箱を抱えている。

「どうして、なんで買ってもらうの？　パパからダメって言われてるでしょう！」

「欲しいから欲しいって子どもは言うわよ。大丈夫、おばあちゃんから買ってもらったって言えば、パパだって何にも言わないよ」

母は、「ねー」と子どもたちに笑いかけ、上機嫌で帰っていった。顔から血の気が引くのが自分でもわかる。子どもたちは、さっそくゲーム機を箱から出し、遊び始めた。夫が帰り、ゲーム機を見るなり、案の定、怒鳴り声で家が震えた。「ダメだって言われた物をなぜ買ってもらうんだっ！　なんで言うことが聞けないんだ！」

子どもたちは下を向いて、涙をポロポロこぼしている。

「お母さんが言うことを聞いてくれなかったのよ。ダメって言ってたんだけど強引に買っちゃって」と私がかばうと、夫は目をむいて「娘も娘なら、親も親だよなっ！」と吐き捨てた。夫はゲーム機を子どもたちから取り上げ、乱暴に箱に入れ始めた。「約束は約束だ。これは捨てる」と、箱に詰めたゲーム機を町内のゴミ捨て場に捨てに行った。

もったいない。後で拾いに行こうと思いながら、ふと思いついた。母に夫の奇行を知ってもらういいチャンスだ。私は、夫がお風呂に入っているすきにゲーム機をゴミ捨て場から拾ってくると、母に電話をかけた。もう時刻は夜一〇時をまわっている。

「だからゲームは買っちゃダメって言ったでしょ！　ウチは大変なことになってるんだから。今から行くから」

　私は実家まで車を飛ばした。

「どこの家だって、実家から買ってもらってるじゃないか。買ってあげるのが楽しみなんだから」と口を尖《とが》らせて母は言った。

「ウチの旦那はそのへんの親と違うんだってば。マトモじゃないんだから。子どもたち大泣きしてかわいそうに」と私が言うと、「本当に、あの人ったら頭がおかしい」と、母の怒りは夫に向けられた。その日から、実家で夫のことは「あのイカレ野郎」と呼ばれるようになった。ちなみに義姉の実家で義兄は「バカ亭主」と呼ばれていた。

　夫の考えは間違ってはいない。私の実家から高価な物を買ってもらってはいけないと子どもに言うのは正しい。だが、なぜ買ってもらってはいけないのか、買ったゲーム機を前に冷静に説明して聞かせるという方法もあったはずだ。しかし夫はゴミ捨て場にもっていくという常軌《じょうき》を逸《いっ》した行動をした。カッとなると夫は信じられないような行動をとるのである。

この一件で、夫と私の実家との関係は険悪となり、たとえ正月でも夫が実家へ来ることはなくなった。

モラル・ハラスメントの被害者がモラハラ禍《か》から脱出するのは短い人で数週間、長ければ何十年とかかっている。モラハラという言葉を知らなくても、「耐えられない」と家を出、離婚をする。社会的に孤立させられている妻の味方になり、援助の手を差し伸べてくれる実家があれば、離婚までの期間は短い。しかし親族は利害関係があるので、共感を得るのがむずかしいこともある。古い土地柄だったりすれば、「家族に離婚者がいるのはみっともない」とか「離婚して家にもどられると世間体が悪い」などといった理由で、娘さえ我慢すれば世の中がうまくいくと我慢を個人に押しつけ、自分たちの体裁を保つことにやっきになったりする。

実家が脱出に協力的かどうかがモラハラ禍からの脱出において重要な部分であることはまちがいない。

あなたこそ出て行けと言ってみた

私は義母が大好きだった。義母のようになりたいといつも思っていた。

義母に会って初めて、私は本当の母親像というものを知ったような気がする。

私が働きに出ている日中、幼い子どもたちの面倒をみてくれたのは義母だった。

私の実母は、子どもの面倒をみてほしいとお願いしても、気持ちよく「いいよ」と言ったことがない。「忙しいのに」「用事があるのに」と、かならず文句を言う。私はときどき母に五千円札を渡した。「こんなことしなくていいのに」と言いながら、母はサッとフトコロにおさめた。

義母はその逆で、いつも私の無理なお願いを「いいよ、いいよ」と聞いてくれ、二人でお茶を飲みながら、楽しい会話を何時間も続けられた。（お母さんって、こんなに優しいんだ）と、私はしみじみと幸福感を味わった。

「おばあちゃんのオムツは私が取り替えるからね」と私が言うと、「まぁまぁ、ありがたいねぇ」と笑顔が返ってくる。いわゆる嫁姑問題は我が家では無縁だった。

離婚して離れた夫を惜しいと思う気持ちはまったくないが、この義母とにぎやかだった親戚の方たちとの交流は、楽しかった思い出しかない。

私は、家庭内での夫の振る舞いを、極力、人に言わないようにしていた。それは、怒鳴られた直後、義母に相談したことが夫に知られ、夫から「告げ口しに行った」とひどく怒られたことがあったからだ。しかし長い年月を経ると、私も大胆になり、義母に「また始まった」と訴えるようになった。

「出て行けって言われたのよ。どうしよう」

この「出て行け」は、夫が私を怒鳴る時、もっとも頻繁《ひんぱん》に投げつけられた言葉だった。涙目で訴えると、義母から、「あの家はあんたのものでもあるんよ。雄一《ゆういち》に『あんたこそ出て行け』と言ってしまいなさい！　何をオロオロしてるの！　どっしりとかまえていなさい！」と言われた。そうか、そうよね。私が出て行くことないのよね。義母の助言どおりの言葉を夫に言ってみた。

「私は二人の子どもを連れて行くと荷物もたくさんあるし、だいたい子どもの学校もあるから大変でしょう？　あなたが出て行ってよ」

夫は「お前が出て行け！　お前が出て行け！」とくりかえした。「いくら金を出せば出て行ってくれるんだよ」と呻《うめ》き、「死んでくれないか」と言うようにもなった。

しかし、義母が「どっしりとかまえていなさい」と背中を支えてくれたおかげで、私の心は揺るがなかった。夫はついに「出て行け」というセリフを言わなくなった。

義父の死は「自由への解放」

冬、脳溢血で義父が倒れた。救急車で病院に運ばれてから亡くなるまでの二ヵ月間、ほぼ毎日、病院に義父を見舞う生活が続いた。

病院の医師から「すでに瞳孔《どうこう》が開き始めています」と告げられた直後、義母が私たちに向かって言ったのは、「畳を取り替えなきゃね」だった。数年前、やはり義父が倒れた時の義母の言葉は、「(死床の)頭はあっちよね」だった。

齢《よわい》七〇を越えた義母にとって、夫の死は、「離別の悲しみ」ではなく、「自由への解放」を意味していた。

義父が倒れた時、ちょうど私が予定していた休暇と重なっていたため、私は買い出しや見舞い客の送迎などで、連日病院と自宅を往復した。多い時は日に八回、往復したこともあった。夫は驚くほど上機嫌で、「少し休めよ」と優しく声をかけてくれた。その優しさがうれしくて、私はせっせと車を走らせた。

しかし、明日から仕事という日になると、夫はぴたっと口をきかなくなった。理由はわかっていた。もっと仕事を休んで付き添え、という無言の指令である。

私も嫁として、できるだけのことをするつもりだった。しかし医師から「この状態が、あとどのくらい続くかわからない。もしかしたら、何年も寝たきりになるかもしれない」と告げられた時、私と義母は顔を見合わせた。義母は戸惑いを隠さなかった。今日まで尽くしておよそ半世紀、苦労に苦労をかさねてきた義母の心の内は、察するにあまりある。病の床に伏してなお、あなたは私を縛《しば》りつけ、苦しめるのか。そんな気持ちではなかったろうか。

私とて、一、二週間仕事を休んでの付き添いならともかく、仕事を辞めてまで看護に専念するつもりはなかった。いったい誰がその看護をするのか——。

「大丈夫。私が病院に通うから」と義母は言ってくれたが、病院までのバスはそう頻繁には出ていない。義母の年齢で、毎日の病院通いは体にこたえるだろう。当然、夫はむっと押し黙ったまま、「お前が看ろよ。お前は車があるから簡単にできるだろう。仕事、休めよ」とプレッシャーをかけてきた。

私がそこで、「いいわよ。職場にお願いして介護休暇をもらうから」と言えば、夫の機嫌はたちまち直る。しかし、休暇の終わる前日に、また夫は無言で威嚇《いかく》をし、同じことをくりかえすだろう。つまり夫は、私が義父の最期まで付き添うことを要求している。一部分だけやっても、彼にとって、それはゼロなのだ。百までやって、初めて評価される。その評価も、彼の価値基準で測られる。ほかの人が、よくやっているねと感心しても、彼が認めなければ評価はゼロである。

私は、何週間かの休暇をとっても、それが終われば夫の評価がゼロになるとわかっていたから、「休みをもらう」とは言わなかった。強くなったものである。

一ヵ月後、義父は他界した。

夫と二人の老後など考えられない

すべての儀式が終わるまでの二週間、歯を磨く時間すら惜しい日々が続いた。そのころには夫も運転免許を取得していたが、運転が怖いらしく、早くもペーパードライバーになっていた。運転のできない夫に代わり、客人の送迎、泊まり客の世話、葬儀業者との交渉、その他雑用がどっと降ってきた。夫は「こんなに機嫌のいいのは初めて」というくらい終始笑顔で、「大丈夫か？　疲れないか？」と気を配ってくれた。その笑顔がうれしくて、私は嬉々として働いた。

葬式が終わった後、夫の実家で、夫が親戚の人と酒を酌《く》み交わしていた。義母や義姉と一緒に酒や肴《さかな》を運んでいた私は、襖《ふすま》の陰で聞いた夫の声に、ぎょっとした。

「俺、もう一軒家を建てるんだ」

二〇年で組んだ家のローンはもう後半に入り、やっと家計も楽になっていたのに、もう一軒建てるですって？　そんな計画、私は一言も聞いていない。

「俺たち二人分の年金があるから、老後は左団扇《ひだりうちわ》さ」と、得意げに夫が話している。

老後……。二〇年後、三〇年後、どうやって暮らしているのか、私には想像できなかった。一〇年後も五年後もわからなかった。明日のことさえ私にはわからなかった。

毎日朝から晩まで、大勢の親戚に頭を下げて走り回る日々も終わり、最後まで残って雑用をしていた義兄が帰った翌日、夫が貝になった。また始まった。こんどは何なんだろう。葬式の時、私が何か気づかずにやってしまったことはないだろうか。台所で親戚ともうまく働いたつもりだったが、伯母から何か言われたのだろうか。あれこれ思いめぐらして三日が経った日、突然、後ろから怒鳴られた。

「お前、俺に黙ってミニコンポを買っただろ！」

半年前、たしかに私はミニコンポを買った。たった一万六〇〇〇円のミニコンポだ。代金はもちろん私の財布から支払うものであっても、ケチな夫に言えばダメと言われる。ダメと言われたらもう買えない。だから黙って買った。けれど、それは今咎《とが》められなければならないことだろうか。三日前まで義父の葬儀を必死で手伝った。やれやれやっと片づいた、また静かな日々がやってくる、ご苦労さん、大変だったね、ありがとうの一言も言ってもらえるかと思ったら、突然の無視が始まった。その原因が、半年前、私が自分の稼いだお金で買ったミニコンポだという。この男は何者なのか。そう思った瞬間、私の頭のなかでプッンと糸が切れた。

今まで夫が口をきかなくなっても、決して私は同じ態度をとらなかった。たとえこちらが悪くなくても、自分が謝って済むならと、頭を下げてきた。もう限界だ。いったい私を何だと思っているのか。その日から、私も口をきくのをやめた。夫のやり方を見習って、私もバシーンと思いきりドアを閉めた。こうでもしなければ、この男の性根は変わらない。いつまでも、どこまでもやってやる！

私の気色《けしき》ばんだ表情から何かを察したのか、夫はそれ以上、何も言ってこなかった。そして、お決まりの「お前の作った食事には手をつけない」コースが始まった。

同じ部屋で、一人だけスーパーで買ってきたお総菜を食べている家族の風景。一人分の食事がセットになって食卓に残る悲しさ。見慣れた風景が三ヵ月続いた時、義母が言った。「もうあの子の食事を作らなくてもいいから」

夏が過ぎ、秋も過ぎ、また一年の終わりがやってきた一二月三〇日、私は夫が「モラル・ハラスメント」の加害者であることを発見した。

これはモラル・ハラスメントだ！

「こころのサポートセンター・ウィズ」(http://www5a.biglobe.ne.jp/~with3/)は熊本にある女性サークルが立ち上げたメンタルヘルスサイトである。配偶者やパートナー、恋人からの暴力「ドメスティック・バイオレンス（ＤＶ）」をはじめ、さまざまな女性の悩み相談などを取り扱っている。ＤＶと並んで掲げられていたのが「モラル・ハラスメント」だった。

サイト上で紹介されていた『モラル・ハラスメント――人を傷つけずにはいられない』（高野優訳、紀伊國屋書店）という本の著者は、フランスの精神科医で、モラル・ハラスメント研究の第一人者、マリー＝フランス・イルゴイエンヌである。私はさっそく本を買って、むさぼるように読んだ。

モラル・ハラスメントとは精神的暴力のことである。

その攻撃方法は狡猾《こうかつ》であり、つねに密室で行われる。最初、加害者は魅力的な人間として近づき、相手が自分から離れられないとわかった瞬間、態度を豹変《ひょうへん》させる。加害者が被害者に求めるのは服従であり、そのためには手段を選ばない。暴力は伴《ともな》わず、言葉と態度で相手を貶《おとし》め、混乱させ支配下に置く。

加害者が服従を求めるのは、つねに自分が相手より優れているという優越感を持続させなければ、自身がもっている劣等感に押しつぶされてしまうからである。被害者は加害者がつねに優越感にひたっていられるよう、従属させられる犠牲者になる。

だからといって、常時、虐待を加えているわけではないし、ときには褒《ほ》め言葉やプレゼントなどの恩恵がある場合がある。

それは、相手を逃がさないためのアメであり、アメをもらう喜びを知ってしまった被害者は相手に対して「悪い人ではないのだ」という感情をもってしまう。加害者は相手の感情を自由に操る天才なのである。

加害者は二面性をもつことが多く、他人の前では「いい人」を装う。そのため、まわりの人も悪いのは被害者であり、加害者こそ被害者であるように見えるので、なかなか理解を得られないし、被害者本人も相手を怒らせるのは自分のせいではないか、未熟さのせいではないかと罪悪感をもってしまう。そう思わせるように加害者は「お前のために言ってるんだよ」「俺を怒らせるようなことをするお前が悪い」などと責任を転嫁する。悪いのは、つねに相手であり、それを証明するためならどんな嘘でもつくし、本人自身それが嘘だという認識すらない。

しだいに被害者は畏縮《いしゆく》し、自分の意思で動くこともできなくなり、加害者の小さな動作ですら恐怖感を覚えるようになる。

他人は利用するためだけに存在し、利用価値がなくなれば情け容赦なく切って捨てる。共感能力が欠如しており、他人の痛みを思いやることができない。

私の頭のなかでバラバラになっていた疑問のかけらが竜巻のように巻き上げられ、所定の位置にぴたりと収まった。

私が味わってきた苦しみには、名前があった！

「モラル・ハラスメント」。その言葉は、何度も私の頭のなかを駆けめぐった。

だが、夫がモラハラの加害者だと知っても、急にどうこうできるわけではない。いつものように夫はこれ以上ない不機嫌なオーラをまき散らしながら大きな音を立ててドアを閉め、一人で食事をしていた。しかしこの時、チャンスの神はまちがいなく私に向かって疾走していたのである。

焼きイモで知った自由の味

「誰がコップの位置を変えたんだ！」と、夫が突然、怒鳴り始めた。急いで声のするほうへ行くと、夫が洗面台の前で仁王立ちしていた。

「前の場所だと取りにくかったから変えたのよ」

「なんだとぉ〜〜〜〜！　お前は俺に逆らう気か！」

夫はいきなり私の胸ぐらを摑《つか》み、激しく体を揺さぶった。物にあたることはあっても、今まで私にはほとんど手をあげなかった夫が、ひさしぶりに手をあげた。

「パパ！　やめて！」と、高校一年の真太郎《しんたろう》は、夫を制止しようと飛びついた。息子の手をふりほどくと、夫は私の部屋に走り出した。標的はノートパソコンである。ただならぬ気配を、私は朝から感じていた。だから、いつも夫が狙うパソコンは、とっくに押し入れに避難させていた。何年アンタの女房をやっているると思ってるんだ。

パソコンが見あたらないと、夫は形相を変え、私の部屋にあるものをつぎつぎと叩き壊し始めた。「こんなもの！　こんなもの！　こうしてやる！」

「パパ！　やめなよ！」と真太郎が絶叫した。「香子《かこ》が見てるだろ！　香子のトラウマになるぞ！」

すると、夫はハッとして、暴れ放題暴れていた手を止めた。そばで小学五年生の香子がぶるぶる体を震わせ、目にいっぱい涙をためて立っていた。夫は引きちぎろうとしていたモデムのケーブルから手を離すと、私の部屋から出ていった。

バターン！　玄関のドアを閉める凄《すさ》まじい音が、家じゅうに響き渡った。

私はカメラをもって、自分の部屋に入った。夫が暴れた証拠を残すためである。

しかし、そこには香子がいた。香子は、夫が引き倒した本棚を元にもどし、健気《けなげ》に一冊一冊拾っては、本を棚に並べていた。「香子」と呼ぶと、娘はこちらを向いて、照れたように笑った。かわいそうに、怖かったろうに。でもこの子は、自分の感情を抑え、私に笑顔さえ見せて、部屋を元通りにしようとしている。

とその時、外から焼きイモ屋さんの「ポー」という間抜けた音が聞こえてきた。

「香子、焼きイモ、食べる？」「うん！」元気な声が返ってきた。

二人で外へ飛び出した。「待って〜」と、小さなトラックを呼び止めると、おじさんが降りてきて、焼きイモが入った箱の金属のフタを開けてくれた。すると、苦いような焦げた匂いと一緒に、焼きイモの香ばしい匂いが鼻をくすぐった。

「わ〜！」香子が感嘆の声をあげた。「さあ、どれにしようか」

その瞬間、私は初めて気がついた。もし夫が家にいたら、焼きイモを買うという行為そのものに躊躇《ちゅうちょ》しただろう。「焼きイモ、買っていい？」と聞くことさえできなかっただろう。私たちは、すこしでも日常と違うことをしてはならなかった。

夫が出ていった今、「焼きイモ、買っていい？」と聞く必要がない。買っていいと許可されて、買ってくると「大きすぎる。マズい。こんな高い物」と文句を言われるから、彼が好みそうな大きさ、形を選び、味はどうかとビクビクしながら差し出さなくてはならなかった。今は、この焼きイモの箱に入ったすべて、どれを買ってもいいのだと気がついたその瞬間、すばらしい解放感が私を包んだ。

暴力行為を証明する診断書

夫が出て行った先は、彼の実家だった。彼は、私が迎えに来て、「どうか帰ってきてください」と手をつくと踏んでいたにちがいない。

だが「モラル・ハラスメント」を知った私にとって、今や夫の行動は「渡りに船」以外の何物でもなかった。

もうひとつ、夫は、あるプレゼントを私の体に残してくれた。私の胸ぐらを揺さぶった時にできた大きな赤いミミズ腫《ば》れである。

さっそく翌日、整形外科へ行って、診察してもらった。

「どうしたんですか？」白髪のおじいさんが問診をする。

「夫に暴力をふるわれました。診断書を書いてください」

そばに立っていた年配の看護師さんが、嫌な顔をして後ろを向いた。

「う〜ん。診断書ね。旦那さんはどうやったの？」「こうやって、ここを持って揺さぶったんです」「そうねえ、ちょっと爪が当たったかな、ひっかき傷がある。痛いですか？」「いえ、痛くはないですが」「おや、痛くなかったら診断書は書けませんよ」「じゃ、痛いです。そういえばヒリヒリします」「ふんふん、ヒリヒリするね」

診断書、一枚ゲット。

モラル・ハラスメント被害者同盟

離婚したほうがいいのは百も承知だった。しかし、私の職場でも不景気、リストラの波風が立ち、首筋がうすら寒くなってきていた。安定した職業についている夫といれば、経済的には困ることはない。それに、いくら気むずかしいとは言え、子どもたちの父親である。子どもたちから父親を奪っていいのか、父親から子どもを取り上げていいのか。私の心は揺れていた。

夫が出て行った直後、真太郎が夫の実家に行っていた。

「ママ！　パパが白状したよ！　みんなと一緒に暮らしたいって！」と、息子は帰ってくるなり、うれしそうに報告した。

「ママは暴れるパパが怖いの」と、私が首を横に振ると、息子は落胆した。

何日も経たないうち、夫がいない家が安穏とした空間となったことに気づくと、真太郎も、その時間を楽しむようになってきた。香子も同じである。

朝に夕に、家には私たちの笑い声が響き渡った。夫の顔色を窺って放つ、芝居じみた笑い声ではない。楽しい時に笑い、言いたいことを言う。それは、私たち母子三人にとって、信じられないような解放感だった。ここに夫がもどってくることなど、もう考えられない。

夜、メールをチェックしようと、パソコンを立ち上げた。夫の顔色を窺わなくてもマシンに向かえる。私は何かするたびに感動を覚えた。

以前、夫にモデムを叩き壊されたことがあった。それ以来、夫が足音高く家を歩くと、私は激しい動悸《どうき》に襲われるようになった。もう、この家にあの人はいない。何も恐れることはないのだ。

私をモラル・ハラスメントの気づきへと導いた人生相談のサイトへ繋いだ。その日も多くの人が、自分では解決しきれない悩みを抱え、サイトに書き込みをしていた。

「夫がいじわる」「暴力はふるわないけれど、嫌がらせや不機嫌を家中にまき散らす」「機嫌のいい時もあるが、突然何の脈絡《みゃくらく》もなく怒鳴りだす」「怒鳴ったあとは何週間も口をきかない」

まちがいなくモラル・ハラスメントだった。

私はキーボードを叩き、「あなたがされているのは『モラル・ハラスメント』かもしれません」と書き込み、「ウィズ」のサイトのリンクを貼った。

翌日、「そのままです！　私がされていたのはモラル・ハラスメントです！」と、その投稿者から返信があった。その後、ひとりでも多くの人に気づいてもらうよう、毎日その人生相談サイトをチェックし、同じようにリンクを貼った。こうして何人かがモラル・ハラスメントを知る。しかし、それでいいのだろうか？

「ウィズ」のサイトには、よくまとめられたモラハラの概念が載っている。しかし、モラハラを知ったその後は、どうすればいいのか。今の私には、そして悩み苦しむ妻たちには、狡猾な夫と戦う術《すべ》も武器も、知恵もない。

「夫からスーツケースひとつで出て行け、子どもは渡さないと言われています。どうしたらいいですか？」

妻たちには、法律に関する知識がまったくなかった。モラハラ夫に「わーっ」と恫喝《どうかつ》されれば、たちまち腰を抜かしてしまう。

モラハラを知った後、私たちはどう行動したらいいのか。

そうだ、サイトを立ち上げよう。インターネット上にサイトを立ち上げて情報交換し、同じ悩み苦しみを抱える者同士、助け合い、励まし合って、モラハラ夫と戦おうと思った。幸い、サイト作りは何度もやって経験済みなので、必要な知識はもっている。サイトのタイトルは「モラル・ハラスメント被害者同盟」。

ほかには何も思い浮かばなかった。天から舞い降りたように、その言葉だけが私の頭に浮かんだ。検索エンジンを使う人のために「夫からの精神的暴力」は、はずせないキーワードだったので、サブタイトルとして「ここは夫からの精神的暴力に悩む妻たちのサイトです」とした。

モラル・ハラスメントは職場でも学校でも町内会でも、どこでも起こりうるが、私の身の上に起こっているのは家庭内でのハラスメントなので、これ以外のものは取り扱わないことにし、掲示板に書き込めるのは女性だけとした。

男性と女性。どちらにも被害者がいるのはわかっている。なぜ女性限定にしたのか。家庭内モラハラにおいて、妻と夫は敵対関係にある。両者を一緒にすれば、混乱するのは目に見えていた。ネット上の討論は不毛である。議論はエスカレートし、感情的かつ攻撃的になり、延々と意地の張り合いが続く。それが、メーリングリストでフレーム（ネット上の論争）を嫌というほど見てきた私の結論だ。

インターネットは諸刃《もろは》の剣《つるぎ》である。「モラル・ハラスメント」の気づきへと私を導いてくれたのは、インターネットの世界であった。そこで私は光を見た。反面、インターネットの世界に立ち入ったがゆえに、傷つけられ、奈落《ならく》の底に突き落とされる危険もあるということを、私たちはつねに意識しておく必要がある。匿名性を盾に人を中傷し、貶める発言をくりかえす輩も少なからずいる。ネットの掲示板では、激論がいちど始ってしまえば、どんな暴言が飛び出てくるか、わからない。すでに心傷ついた妻たちを、さらに傷つけるような場には、絶対したくなかった。

　さらに、そのころの私は、男性恐怖症におちいっていた。今は恐怖を克服し、被害者男性の言葉にも耳を傾けているが、当時の私は、男性の言うことは全部自己弁護の嘘としか思えなかった。そういうわけで、交通整理のため、また私自身の精神安定のためにも、男性の出入りはいっさい不許可とした。

　サイトを立ち上げてから半日後、恐る恐る掲示板をのぞいた。すると、数名の書き込みがあった！　みんな夫からの精神的暴力で、精も根も尽き果てた人たちだった。

「モラル・ハラスメントを知って私が悪いわけではなく、夫の人格が異常なのだとはっきりわかりました」「夫のいじわるに耐え続けてきました。モラル・ハラスメントを知って目の前が明るくなりました」

　それから毎日、書き込みの数が少しずつ増えていった。そこに書き込まれた内容は驚くべきものがあった。生まれも育ちも年齢も職業も違うのに、モラ夫《お》たちの行動は呆れるほど似ていた。なぜこの広い日本で、いや、たぶん世界じゅうで、打ち合わせたわけでもないのに、ある一定の男たちは同じ言葉を吐き、同じ態度で家族に接し、そして妻たちは同じ苦しみでのたうち回っているのだろうか。

一見するとみんな同じように見えるハラッサーだが、子細に見ていくと少しずつ違っている。無視するのをA、怒鳴り散らすのをB、食事の文句を言うのをC、怒ると妻の料理を食べなくなるのをD、生活費を渡さないというのをE、同じ場所へかならず家族旅行に行くのをF、妻子が病気をすると怒るのをG、ケチがH、……というように行動様式を項目別に分けると、ある家ではACEJK、別の家ではBCDFH、というように、その組み合わせはさまざまだった。

一〇〇のモラハラ家庭があれば一〇〇のパターンがある。私の掲示板はそのサンプル集となったのである。

一応サイトではモラハラの特徴というのを列記してあるが、これをチェックリスト代わりにして、八つだから確定とか、四つだからまだマシとか、そういう使い方をしている人が時々いるが、これは一概に正しいとは言えない。モラハラというのは程度と頻度の問題である。

ハラッサーの特徴のひとつとして「人の悪口を言うのが好き」というのがあるが、人の悪口など誰だって言う。ティータイムや職場のロッカー室や仕事後に寄った酒場で、他人の悪口を言わない人がいるだろうか。それは「たまに」「時々」と限定されての行為である。しかしハラッサーは違う。口を開けば人の悪口、誹《そし》り、中傷をくりかえす。誰が見てもこれはおかしいと思うにちがいない。つまりその行為の頻度が極端に高いのである。「あの人っていつも人の悪口ばかり言っているね」、そう噂される人がいたら、濃いグレーだと思う。だいたい人の悪口は言うが、後は清廉潔白などという人はいないだろう。ひとつあてはまればたいがい三つ四つあてはまるものである。誰が見ても「これはおかしい」と思う、それがハラッサーである。

しかしその行為は他と比べることができない密室で行われる。

現状維持を選んだ義姉

夫は実家へ帰ったきり、もどってこなかった。どうするつもりなのか、電話をかけてみた。「いちど、話し合いましょう」と私が言うと、夫は、「話し合いなんかできまっしぇん！　あんたと話し合うことなんかありまっしぇん！」と叫び、叩きつけるように電話を切った。

どうしたらいいかわからず、まずは義姉に連絡を取った。同じ婚家で、同じ愚痴をこぼした仲だ。「この家の悪は、絶対に次の世代に繋いではいけない」と言いきった義姉だ。きっと味方になってくれると思った。

「あ、お義姉《ねえ》さん、お騒がせしています」「早智子さん？　いやぁ、びっくりしたわよ。でもウチのお父さんが言ってたわ。子どもたちがかわいそうだって」

言葉を選びながら話しているのが、受話器のこちら側に伝わってきた。

「あんな父親と一緒にいたほうがかわいそうでしょう？」「ううん、ウチのお父さんが言ってたわ。どっちもどっちだって」「そんな……」

義姉はつねづね、ひどい男と結婚してしまったと自分の不運を嘆いていた。それが今、お父さんがこう言った、お父さんがああ言ったと、「ウチのお父さん」の陰に身を隠し、まったくの他人事として私を見ているようだった。

そう、私がこちらの岸に来た時から、私たちは袂《たもと》を分かったのだ。

モラル・ハラスメントを知った時、私は義姉に真っ先に伝えた。私たちはモラハラの被害者なのだと。しかし義姉は動こうとしなかった。動かないという選択も、ひとつの決断だ。それは彼女自身の選択である。今後、彼女や彼女の家族がどうなるか、彼女がその結果の責任を負うだろう。私はアクションを起こすことを選択した。私自身もまた、自分の選択に、これから一生、責任を負っていくのだ。

本当にモラハラ加害者か？

私には、どうしてもやらなければならないことがあった。それは、自分の夫が本当にモラハラの加害者なのか、専門家の判断を仰ぐことである。

インターネットで調べたところ、心療内科には当たり外れがあり、専門知識のない医師から心ない言葉を投げつけられ、かえって心を傷つけられるケースも少なくないという。きちんとした診断のできる専門医を紹介してもらおうと、私は職場の医務室を訪れた。産業医のA先生には、それまでも何かにつけて相談にのっていただいていた。温かい人柄で、私は安心して心を開くことができた。

「私の主人は自己愛性パーソナリティ障害（人格障害）ではないかと思うのですが」と前置きして、これまでの夫の行動をかいつまんで話した。

「ご主人は嫉妬深くないですか？」「いえ、夫が、とくに嫉妬深かったとは思えません。私が女友だちとの集まりに出かける時は、夫が相手と以前に面識があれば、行くなとは言いません。ただ、職場の飲み会へ行く時に不機嫌になることはありました。言葉で何か言うというのではなく、すべて態度でイエス・ノーを表現するんです」「そうですか」「先生、心療内科を紹介していただけませんか」「そうですね、この先生だったら私の知り合いですから大丈夫です」

家に帰り、A先生から聞いた病院を電話帳で調べ、さっそく予約の電話を入れた。

「私の夫のことでご相談があるのですが」

「患者さんは来られますか？　ご本人がいらっしゃらないと診療はむずかしいかと」

夫を心療内科へ連れて行くなんて、ミミズに芸を教えるより困難だ。

「A先生からの紹介なんです。お願いします」「すこしお待ちください」

受付の女性は、医師に直接話をしてくれているようだ。

「お待たせいたしました。では、予約は三週間後になります」

女性の味方の弁護士を探したが

私は毎日、精神医学や心理学に関する本を読み漁《あさ》り、インターネット上では掲示板や、相談室からできるかぎり情報収集をしていった。

夫が本当にモラハラ加害者なのか、その結論は専門家の判断を待つとしても、それと並行して離婚の準備も進めておきたかった。

離婚には、協議と調停と審判、そして裁判がある。夫婦が話し合いによって離婚を決めるのが協議離婚、家庭裁判所で調停委員を交えて話し合って決めるのが調停離婚、それでもおたがいの主張が食い違った場合は審判離婚へと進む。審判による離婚はめったになく、調停が不調になれば裁判に移行するという。

モラル・ハラスメントに関する本のなかに、「自分の都合のいいようにコロコロと意見を変え、嘘をつく加害者との離婚は、調停になる場合が多い」と記されていた。

私はネット内を検索し、地元の弁護士で、女性の味方になってくれる人はいないかどうか調べた。弁護士も心療内科医と同じで、腕の良し悪しによって結果が変わってくるのは当然だ。ＤＶを数多く手がけている女性弁護士を見つけ、面談の予約を入れようと電話をかけた。

「予約は一ヵ月後になります」

一ヵ月も待っている時間は、私にはない。翌日、私は職場の法務課へ行った。そこはさまざまなクレームを処理するところで、嘱託の顧問弁護士もいるはずだった。離婚は専門外だろうが、紹介はしてくれるだろうと思ったのである。

「私の知り合いに女性弁護士がいますので、紹介しましょう」

中年の男性弁護士はその場で電話をかけてくれ、アポイントを取ってくれた。

その夜、ふと目を覚ますと、暗がりのなかに義父が見えた。たったひとりで義母、三人の息子、その配偶者、そしてその子どもたち一三人を不幸にした張本人がいた。

義父は高笑いをして私を見下ろしていた。

あんたなんかに負けない！　私は絶対に負けない！

私は子どもと三人生きていくためだったら、なんでもやろうと思った。道路工事の交通誘導でも皿洗いでも何だってやる！　どんな仕事でも夜昼働いて子どもたちを食べさせてやる！　私は絶対に、絶対に負けない！

すべては子どもたちを守るために

ことが動き始めたら、子どもたちを私の手でどう守るか。やはり、一番気になるのは二人の身の安全だった。私は「ウィズ」が出しているモラハラの小冊子をもって、ＰＴ

A仲間のMさんの家を訪ねた。

「ウチはこういう家だったの。離婚するわ。子どもたちが心配なの。助けてちょうだい」そう打ち明けてMさんに小冊子を手渡すと、彼女は一枚一枚ページをめくり、眉間《みけん》にしわを寄せて真剣に目を通している。そしてスッと立ち上がって受話器をとった。

「緊急招集。連絡網を回して、みんなウチに集まって！」

一〇分後、彼女の家の前は駐輪場になった。PTA連合の面々は、わけもわからず飛んできた。そして招集理由を聞かされ、どよめいた。「離婚を言いだしたら何をされるかわからない。その時は子どもを走らせるから、かくまって」

「わかった！」全員がうなずいた。ひとりが私の手を握った。「気配があったらすぐに逃げなさいよ！　子どもたちを走らせなさいよ！」私は黙ってうなずいた。何も言えなかった。何か言えば号泣してしまいそうだった。

「でも、あんなに優しそうな旦那さんがねぇ。信じられないわぁ」

誰から見ても信じられないはずだ。「内の顔」は家族しか見たことがないのだから。

帰り際、玄関先でMさんに言った。「私は子どもたちが心配なの。あの父親を見て育った子どもたちが、おかしくなったらどうしよう」「おかしくなんか、ならないわよ」

「どうして?」「あなたが育てた子だからよ。あなたが育てた子がおかしくなるわけないでしょ」と、Mさんは私の肩をポンと叩いてくれた。胸がいっぱいで、ありがとうの言葉も言えず、私はただ黙って頭を下げた。

次に向かったのは香子の学校だった。担任の女性教諭に、同じく「ウィズ」の小冊子を見せ、今後、子どもに何かあったら、すぐに知らせてくれるよう頼んだ。その先生は私と同年代で、「お母さん、苦労したんだね。香子のことは心配いらないから、私にまかせなさい!」と胸を叩いた。

そのころ、私は仕事上の小さなミスが多くなった。誰かと話をしていても、ボーッとしてしまうことがあり、よく「どうしたの?」と心配された。これでは、いつか大きなミスをしてしまう。私は同じ課の後輩をロッカールームに呼んだ。例の「ウィズ」の小冊子を見せ、助けてほしいと頼んだ。

「子どもたちを私は守らなければならないの」

子どものことを口にしたら、私の目から涙があふれ、止まらなくなった。「熊谷さぁん」と彼女は私を抱きしめた。「二人で守ろうよ。子どもたちを守ろうよ」

それから彼女は、仕事に集中できない私を強力に援護してくれた。繁忙期であったにもかかわらず、文句も愚痴も言わず、私の仕事を黙々とこなしてくれたのである。

　メーリングリストの仲間にメールを打った。

「以前Aさんが『今度働くことになりましたがパパがママならできるよ、ママがんばってと言ってくれたのでがんばります』って書いていたでしょ？　ずーっとずーっと羨《うらや》ましかった。もし私がAさんだったら、ダンナは『ママがんばって』って言うんだろうか、そのことがずっと私の頭から離れなかった。私だったからいけなかったんじゃないかって。ダンナもそう言うし。でもね、『モラル・ハラスメント』と『こころの暴力夫婦という密室で』を読んだら、そうではないことがはっきりわかりました。ウチはこういう夫婦だった。だから離婚することにしました」

　返信があった。私よりひとつ年上で、夫婦仲のいい専業主婦のBさんからだった。

「早智子さんは、充分すぎるほど耐えてきたよね。これが違うダンナだったら、感謝されて、それはそれは大切にしてもらえる良い嫁じゃない。そのダンナじゃなかったら早智子さんは幸せな家庭をもつことができたんですよ。ダンナだって不安なんだよ。早智子さんほど尽くしてくれる女房が見つかるはずないもん。だから負けないで！　勝負に勝って、高笑いする早智子さんの姿を是非とも見せてくださいね！」

●DVの「二次被害」とは何か

夫やパートナー、恋人、婚約者など「親密な」関係にある（またはあった）男性からの暴力に苦しむドメスティック・バイオレンス（DV）の被害者は、加害者による一次被害に加え、さまざまな所で「二次被害」（セカンドアビューズ）にさらされる。「殴られるあなたが悪い」「多少の暴力はどこにでもある」「妻は夫に従うべき」などと、救済を求めた司法関係者（調停委員、裁判官、検察官、弁護士）や警察官、生活保護担当者等の言動によって、さらに深く傷つけられる被害者が後を絶たない。

身体的暴力による傷のように目で見てわかる証拠があれば、周囲もDVと気づくが、外から見えないモラル・ハラスメントの場合、第三者に理解を求めるのはいっそう困難である。

モラハラ被害者は、何とか他の人にわかってほしいと訴えるが、「話し合えば理解し合える」「話し合いの仕方に工夫が必要」「どこの家もみんな同じ」などの一言で片づけられてしまう。親兄弟が親身になってくれればよいが、親も夫にだまされている場合が多々ある。「あなたも悪いところがあるんじゃないの?」「そういう気の強いところがあの人の気にさわるのよ。自分を変えなさい」と見当はずれなことを言われ、さらに傷が深くなってしまう。

これらは近親者による「二次被害」である。加害者は世間的には「いい人」で通っているので、「まさかあんないい人がそんなことをするはずがない」と知らない人は考える。

また、被害者の親に問題がある場合、親に相談することで、さらに傷を深めることになってしまう。

友だちからも親族からもわかってもらえず、被害者は孤立感にさいなまれることになる。転勤族などでまわりに友だちがいなかったり、小さな子どもがいて、なかなか外に出て気分転換をはかることができなかったり、妻自身が内向的な性格だった場合は、ノイローゼやうつ病になる危険性が高くなり、最悪の場合は自殺に走ることもある。自殺してもその原因は「ノイローゼ」で片づけられてしまい、真実は闇に葬り去られてしまう。

一番重要なのは、自分が受けているのはモラル・ハラスメントであることに気づくことである。そして、わかってくれそうな人にモラル・ハラスメントのことが書いてある本や資料を見せ、自分に起こっていることを事実だけ淡々と語っていただきたい。また、誰かから相談を受け、それがモラハラの事例と似ているようだったら、「もしかしたらモラル・ハラスメントでは」とアドバイスをしてあげてほしい。そして、是非とも、よき理解者になっていただきたい。

第五章　離婚調停に向けて臨戦準備

しばしば、この地上でもっとも打ち砕かれた小さい者が、ほとんど何の資力ももたずに、新しい道を整えるのです。

――『祈り』ブラザー・ロジェ、サンパウロ、24p

亭主や恋人に日常的にひどい暴力をふるわれているのなら「この人は、私と一緒に生きていく人ではない」と思えば、自分から断ち切る気力も湧いてくる。きれいに別れるためには何をしなくてはならないか、考える余裕も生まれてくる。それは逃げでもなんでもない。魔界人と接触を絶って生きていく、という知恵のひとつなんです。とにかく捨て身の開き直りが肝心です。

――『強く生きるために』美輪明宏、主婦と生活社、51～52p

心療内科医と運命の出逢い

私は心療内科の待合室にいた。不安で胸が押し潰《つぶ》されそうだった。

もし、あなたの気のせいと言われたらどうしよう。今までのように「相手に気をつかってあげなければ」とか「考えすぎですよ」などと言われたら、もうそこでギブアップだ。私はこの気の強い性格のために、ひとつの家庭をぶち壊してしまったことになる。

診察室へ入ると初老に近いやせ型の医師が座っていた。

「どうしました？」と向ける目は表向き優しそうだが、奥には少しの嘘も見抜いてしまいそうな厳しさがあった。

「じつは」と私は話し始めた。私がどのように生まれ育ったか、夫の生い立ち、二人の出逢いから結婚、どういう生活を送ってきたか。医師は、「その時ご主人はどう言いました？　どう反応しました？」と、そのつど聞いてきた。

「インターネットを始めて、ほかの人たちが幸せな結婚生活をしていることを初めて知りました」と言うと、医師は言った。「そうだよ。みんな、幸せに暮らしてるんだよ。なんであなたは自分の生活がおかしいって気づかなかったの？」

「浮気をくりかえす夫もいます。夫がギャンブルに走って、借金して、もうどうにもならないって泣いていた友人もいました。みんなそれぞれ問題を抱えていて、ウチのことも、よくある家庭内の問題だと思っていました」

「浮気をする家庭はおかしいんです。借金してまでギャンブルする人間はおかしいんです。なぜあなたは、自分の家が普通だと思ってしまったんだろう」

先生は、ひと呼吸おいて言った。「あなたのまわりにはおかしな人が二人います。あなたの旦那さんと、あなたのお母さん。なぜ娘がこんなに苦しんでいるのに我慢しろなんて言うんでしょう。親だったら我慢しないで帰ってこいって言いますよ、ふつう」

そうか、本当なら親は我慢しろなんて言わないんだ。私は心の奥底で、自分の母親はどこか変だと思っていたけれど、それは正しい感覚だったのだと初めて知った。

「こういう人と一緒に暮らした人は、一、二年でおかしいと気づいて離れるんです。離れられない人は、おかしくなってからここに来るんです。私はあなたが一九年もこの人と一緒に暮らしていて、正常な精神をもってここにいることは奇跡だと思います」

「私は夫に愛されていると思ってたんです」

だって夫は、バラの花束もくれたし、毛布もかけてくれた。

「この人たちは人を愛することなんかできません。あなたは利用されただけです」

「私は子どものことが一番心配です。これから子どもたちはどうなっていきますか？」

「男の子は父親と対決します。成長して、父より体力が勝ってくると、子どもは父を負かします。刃傷沙汰《にんじょうざた》になることもめずらしくありません。そのあと、父を捨てるんです。それが最高の復讐でしょう？」「それからどうなりますか？」「捨てられた男は野たれ死にするんです。そういう人、たくさんいますよ」

　夫が野たれ死にすると聞いて、さすがに心がざわついた。

「あの、先生、私が夫をここに連れて来ますから、治していただけますか？」

「できません。自分の意思で来るのであれば治療しましょう。でも、誰かに言われてというのなら無意味です。外では〈いい人〉でしょう？　ここに来てもニコニコしてハイ、ハイと言いますよ。でも、心のなかでは『俺をこんな所に連れて来やがって』とあなたを恨《うら》むんです。これは一生治りません。ところでお義兄《にい》さんはどんな性格？」

「いいえ、義兄は違います。裏表がないんです。どこでも怒鳴《どな》っている感じで」

「やれやれ、二人ともか」カルテに書き込んだ。

「でも、義姉《あね》は、離婚覚悟で一生懸命がんばって訴えたそうです。そしたら、かなり変わったって言っていました」「ふぅん、で、あなたの目から見て、変わったと思う？」

「……いえ、全然」「でしょうね」

義父の葬式の時、些細《ささい》なことで義姉は義兄から怒鳴りつけられ、小さくなって「はい、はい、すみません」と何度も頭を下げていた。

「この人たちのことをね、私たちの世界では自己愛性パーソナリティ障害（人格障害）って言うんですよ」「パーソナリティ障害……」「ご存じでしたか？」

医師はちょっと驚いた。間違いではなかった。私の思い込みではなかった。

「あなたもこのままじゃ収まらないよね。もらうものはちゃんともらわないとね。この結婚の実態をきちんと書いて、裁判所にもって行きなさい。きっと力になる」

「いろいろとありがとうございました」と、私は席を立った。

「できるだけ早く離れたほうがいいですよ。子どもさんたちのためにも」

「はい。三日後に弁護士に会うことになっています」

「……そう、準備してたんだ」と医師は微笑んだ。

「はい、たぶん一九年前から……。無駄になるといいなと思いながら」

私がそう言いながらドアを閉めようとしたその時、医師はまた言った。

「いいですね。あなたが正常なのは奇跡なんですよ」

診察室に入ってから一時間四〇分が経過していた。診療費は一五四〇円。これでは儲《もう》からないはずだ。

被害者にとって、いい医師、いいカウンセラー、いい相談員に当たるかどうかは、その後の経過を大きく左右する。とくに心療内科や精神科は、医師によってその対応はまったく違うと聞いた。多くの病院は、五分話を聞いて薬を処方するだけよ、と言う人もいた。なかには「あなたがもっと夫を理解すればいい」と言う医師や相談員もいる。

地域の女性相談所やＤＶサポートセンターでは、精神的ＤＶは後回しにされる。もちろん明日死ぬかもしれない身体的ＤＶに比べ、取りあえずの危険がない精神的なものは後になっても仕方がないのかもしれない。しかし、昨今新聞を騒がせる家庭内での事件には、かならずと言っていいほど家族内のパワーゲームが潜んでいる。今日何事もなくても、明日は思い詰めた妻が夫にワインボトルを振り降ろすかもしれない。ＤＶサポートセンターもその危険性をよく知っているがどうにもできない。相談用の電話はいつも話し中だ。相談する場所が、人が、足りなすぎる。私はそう思う。

浮気三〇〇万、モラハラ二〇万？

弁護士との面会の日、医師に調停でも必要になるからと勧められて作った事情説明書をもって行った。

三〇代前半と思われる女性弁護士は、「拝見します」と言って読み始めた。読み終わると「これはよくある性格の不一致ですよね」と言った。

「いえ、そうではないんです。単なる性格の不一致とか、個性の問題ではなく、精神的なDVなんです」

「でも、ここに相談に見える方は、みんな同じことをおっしゃいますよ」

私は落胆した。この若い、見るからに育ちのいい女性は人間の裏側を見たことがないのだろう。財産の分け方などのアドバイスはきちんと額面通りした。しかし私の欲しいのはお金ではない。私が欲しいのは温かい家庭だ。

「すみません。ちょっと相性がよくないみたいで」

職場の顧問弁護士に言うと、「うんうん、誰でも相性ってあるもんだからね」と、別の弁護士を紹介してくれた。その法律事務所は市内の大きなビルの三階にあった。

見たところ六〇歳をいくつか出たくらいの男性弁護士だった。

「ぼくも調停委員をやってるからわかるけど、離婚ってほんっとうに大変だよ。どろんどろんだよ」「ですよねぇ。先生、調停から弁護人を引き受けてもらえますか?」「う〜ん。調停は自分でやったほうがいいよ。費用もかかるしさ」「費用っていくらですか。これから母子家庭になる私からお金を取る気ですかぁ!?」「二〇万でいいよっ、二〇万でっ」「え〜! 二〇万も取るんですかぁ、せんせぇ〜」「しょーがねぇだろう、弁護士会で決まってんだよっ」

お金に不安のある私は、職場の顧問弁護士にアドバイスだけを頼むことにした。弁護士はどんな小さなことも親身になって答えてくれた。しかし、夫のパーソナリティの話をすると、顔を曇らせた。

「心理学をもちだすと、何年、何百万かかるかわからないですよ」

そうなれば、精神鑑定も必要になるだろう。裁判となると傍聴人も臨席することになる。私は夫に「障害がある人」のレッテルを貼りたくはなかった。夫も義父の被害者なのだ。義父さえまともだったら、夫だって幸せに暮らせたのだ。

慰謝料はいらないから早くケリをつけたいと私が言うと、「さっぱりしてるぅ〜!

慰謝料も欲しい、貯金も欲しい、家も欲しい、子どもも欲しいとやるから揉《も》めるんです。あなたみたいにさっぱりしている人はやりやすい」と、弁護士は感動していた。

慰謝料を放棄することにしたのにはわけがある。

ある時、会社の取引先の社長が、注文した品物を職場に届けに来た。以前、この社長が離婚の調停委員をしていると同僚から聞いていたので、ふと思いついたふりをして尋ねてみた。「殴る蹴るの暴力じゃなく、精神的にいじめるタイプだったら、慰謝料って、いくらぐらいもらえるんですか？　友だちが調停するみたいなんですよ」

「う〜ん、それはむずかしいなぁ。最高で五〇万。まあ、いいとこ二〇万から三〇万ってとこかな。でも浮気はすごいよ。三〇〇万が相場だね」

「へぇ〜、そうなんですか。でもお金がなかったら払えないじゃないですか」

「そうそう、ない袖は振れないね。あったらの話」

浮気が三〇〇万円で、精神的暴力は二〇万から三〇万円。どちらも精神的には相当きついのに、この差はいったい何だろう。

「友だちに言ってあげなよ。調停はねばったほうが勝ち。あきらめたほうが負けだって。ありゃすげぇもんがあるよね。ねばってねばって、あきらめないこと」

ねばって、ねばって、いいとこ二、三十万。慰謝料を請求したら、プライドの高い夫は激怒するだろう。慰謝料を請求することにより態度を硬化させる可能性も高くなる。私は名より実を取ることにした。二、三十万のお金より、もっと価値あるほうを選ぶことに決めたのだ。

子ども・家・貯金三点セット！

調停に臨むには、私自身、理論武装が必要だった。離婚調停では、どのような問題が取り沙汰されるのか、事前に何を準備しておいたらよいのか、実践的なことを調べるために、毎晩パソコンに向かった。インターネットで「離婚」「調停」とキーワードを入れて検索し、離婚関連の「相談室」をのぞいた。

ある時、夫に浮気された妻が、次のような相談をしていた。

「子どもを連れて家を出ようとしたら、中学生の子どもが残ると言い出した。一緒に出てくれると思っていたからびっくりした。友だちと別れたくないらしい。仕方なく、一人で家を出たら、夫から養育費を請求された。浮気をされ、子どもも取られたのに養育費まで請求されたのでは踏んだり蹴ったり……」

中学生にもなると、子どもは親より友だちをとることもあるとわかった。

私は、この家と、貯金と、子どもの三点セット取りで行くことにした。

しかし、もしかしたら家を出されることになるかもしれない。考えうるすべての可能性について、準備をしておかなくては。家を出た場合、子どもたちは、仲のいい友だちとも別れることになる。高校生の真太郎《しんたろう》はいいとしても、小学生の香子《かこ》にはかわいそうだ。引っ越ししても、今の学校へ通わせることができるかどうか確かめるため、香子の通っている小学校へ電話をした。「先生、学区外へ引っ越しても、この学校へ通わせたいと思っているんですが、できますか？」

「今の学校はね、子どもにとって一番いい方法をとるのよ。私たちは香子がどこから通ってきても、喜んで彼女を受け入れます」

担任の先生の言葉がありがたくて、涙がこぼれた。

どこに住むか、新聞のチラシを見ていると、家から歩いて一五分のアパートの広告が載っていた。２ＬＤＫだから子どもの部屋も確保できる。今までが一戸建てだったから、あまり差がありすぎると気持ちまで落ち込んでしまいそうになるが、そのアパートはマンションと言ってもいいほどの外観だったので、さっそくチラシに書いてある電話番号を回す。「チラシにある物件を見せてほしいんですけど」と、すぐに不動産会社の担当者とスケジュールを合わせ、その家の前で落ち合うことにした。

「今申し込んだら、もしかしたら二〇〇〇円くらい値引きできるかもしれませんよ」と若い男性担当者が明るい声で説明した。一階だったが隣の建物と距離があるのでリビングも明るく、キッチンも傷みが少ない。

「家はすぐそこなんですけど、実家の両親が年を取ってるんで近場に引っ越させようと思って」と言って名刺を渡す。

「お年寄りのご夫婦ですか？」と、ちょっとトーンが落ちたが、私が保証人になることは問題がないと言った。スラスラと嘘が出たのは、以前から「遠い将来、もし離婚したら」とあちこちのマンション相談会に行っていた経験からだ。その時も、万が一、夫に自分の動きを知られてしまう場合を考えて、「親を住まわせるため」という言い訳を用意していた。不動産会社では、あの手この手のノウハウをいろいろ教えてくれる。ふだんからいろいろな知識を蓄えておいて損はない。

私はしなかったが、夜逃げのハウツーもいろいろあるようだ。私は一度だけ「昼逃げ」の手伝いをしたことがある。一日じゅう妻を監視して夫が絶対に離れず、昼逃げの準備をすることもできない妻は、夫が一時間だけ家を空けるその一瞬で荷物をまとめ、脱出した。万が一、予定を変えて夫がもどってきたら、逆上して刃物を振り回すのではないかと、ハラハラドキドキしながら荷物を車に放り込み、実家へ逃げる妻を乗せ、無我夢中で車を駅に走らせた。結構なスリルであった。

引っ越し会社に「夫から逃げるから」とちゃんと話しておくと、後から住所を探られる恐れがきわめて少なくなる（インターネットの掲示板に、「引っ越し会社の人が『このごろこの手の引っ越しが多いんですよね』と言っていた」という書き込みがあった。私の「モラル・ハラスメント被害者同盟」にも、こうした脱出を実行した方の体験談を二件載せている。どちらも用意周到に準備し、その時を逃さずに一気に脱出している。まさに「風林火山」である）。

離婚調停には、調停委員がいる。男ひとり、女ひとり、民間から任意で選ばれ、任命される。というのは表向きで、じつはそれなりの地位のある人が知り合いを紹介し、裁判所が履歴書などを審査し、名誉職としてその地位につくのが慣例という。五〇代以上の中高年が多く、封建的な考え方をして、人が傷つくようなことを平気で言う人も少なくないとのことだ。私は職場のオヤジたちをイメージした。あのオヤジ軍団に、ウンと言わせるのは容易ではない。

私は、夫以外の人には、結構はっきり物を言う。それに対し、夫は見てくれの良さも手伝って、じつに紳士然としていて、いかにもまじめで誠実な人という印象がある。オヤジに好印象を与えるには、もう猫をかぶって演技するしかない。

私は調停を楽しもうと思った。そこは私の舞台。華美に走らず、品位を感じさせるシンプルな衣装が必要だ。さっそくネットオークションで衣装を落札した。いつもは中古で数百円の物しか買わないが、今回は奮発して新品を落札した。インナー、ジャケット、スカート。全部合わせて三〇〇〇円の豪華な衣装である。私の戦闘服が決まった。

相変わらず夫は家に近寄らず、たまに会っても、このうえなく不機嫌な顔をしていた。私は夫に考える暇を与えないよう、離婚調停の申立書を家庭裁判所へ提出した。

A4用紙一枚に箇条書きで、「結婚当初より日常の些細《ささい》なことに難癖《なんくせ》をつけ、それを原因として長い間無視を続けたり、暴言を吐いたりしたります」など一〇項目書いた「申し立ての実情」を付けた。私は提出前に弁護士に添削してもらった。短文にしたのは、「調停委員は長いと読まないし、話がややこしいと理解できない」というアドバイスがあったからである。実際、長い文章のものも付けたが、男性調停委員は読んでいなかった。暴言を録音したテープを付ける場合もあるが、男性の声は低く、女性は高いため、妻が激情にかられて叫んでいるのを夫がなだめているように聞こえることもある。ただの夫婦げんかにしか聞こえない場合もあるので注意が必要である。

中立書を書くのは初めてではなかった。以前、やはり夫の横暴に耐えかねて、用紙をもらってきたことがあった。その時の用紙と戸籍謄本は証拠品としてもって行った。

家庭裁判所からの呼び出し状

土曜日の昼下がり、同じ茶封筒が二通、郵便受けに入っていた。一通は私あて、もう一通は夫あて、裁判所の封筒ではなくふつうの茶封筒に入り、差出人は個人名になっている。裁判所からの呼び出し状だった。夫の住所をこの家にしたので、二通一緒に届いたのである。ぽかぽかと暖かい陽の当たる玄関で、二通の封筒をもったまま、私はどうしようかと考えた。

中立書を提出してから調停までの日数は、ケースバイケースらしく、私の場合は提出から一〇日ほどで、予想外に早かった。

このままもっていて、月曜に夫の実家の郵便受けに入れようか。そうすれば、すくなくともこの週末は平穏に過ごせる。しかし、夫が消印の日付を確認したら、月曜日に届くのはおかしいと気づくだろう。意を決し、自転車で夫の実家に行った。誰も外にいないのを確認して、郵便受けに封筒を入れた。封筒はコトリと小さな音を立て、なかに落ちた。私は全速力で自転車を漕いだ。急がなければならない。封筒を開封したら、夫はどうなるか。逆上すると暴力沙汰になるのは経験済みだ。その間だけ、子どもを連れて実家へ避難しよう。怒りの頂点をやりすごせば、何とかなる。

家に帰ると、子どもたちが、のんきに遊んでいた。私は、「ねぇ、今日おばあちゃんちに行かない？」と二人を誘った。「いいねぇ」と息子は微笑んだ。

しかし娘は、「え〜、これから絵美ちゃんたちが遊びに来るから行かな〜い」と言う。「じゃあ、俺、先に電車で行って待ってるよ」と、息子はバッグに荷物を詰め、「今晩は、おばあちゃんちで夕飯だね」と出ていった。

ほどなく娘の友だちが何人かやって来て、娘の部屋で遊び始めた。子どもでも誰でもいい。家の者以外の人間が家にいるうちは安心だ。人の目があれば、夫は仮面をかぶる。それでも、夫がやって来る前に脱出しなければ。

陽が傾くころ、子どもたちは「さようなら〜」と帰っていった。

子どもたちを玄関先で見送って、急いで居間にもどると、娘がテレビにかじりついている。お気に入りのスマップの番組が始まってしまったのだ。

「香子、さぁ、おばあちゃんちへ行くよ」「でもぉ〜」

私は娘の手を無理やり引っぱって、車の後部座席に乗せた。

運転席に座り、キーを差し込もうとするが、手が震えてなかなか入らない。

やっと入ったキーを回すと、こんどはエンジンが空回りしてかからない。

「かかって!! 早くかかって!!」

まるでホラー映画の世界だ。必死で何度もキーを回すと、突然エンジン音が鳴り響いた。アクセルを思い切り踏み込むと、グンと頭が後ろにのけぞり、車は走り出した。

(助かった!)ほっとしてバックミラーをのぞくと、誰かが家に向かって走ってくるのが小さく見える。夫だ。神は私を見放さなかった。

実家の玄関へ入ると、母の声が聞こえてきた。「そうなんですよね。後から何をしているか気づくんですよ。まだ若いからね。ええ、私からも話しますから。ええ、ええ」

義母からの電話だとピンときた。先方がなかなか電話を切ろうとしないようで、母は困ったような顔を私に向けた。ようやく受話器を置いた母が、やれやれとテーブルにつく。「判を押してやらなきゃいけないなって言ってたって」

「よかった。正気になったんだ」

これで話し合いができる。しかし第三者が入らないと、夫との会話は成立しない。私は父に一緒について来てくれるよう頼んだ。

その晩、もういちど家に帰ることにした。車に乗り、来た道をもどった。父は帰りがあるので、自分の車を運転して私の車の後をついてくる。子どもたちは、ただならぬ気配を感じている。せめて息子にだけは、きちんと話をしなければならない。

「あのさ」ハンドルを握りながら後部座席の息子に話しかける。息子は身を固くする。

「あのさ」「聞きたくない」彼は顔を窓の外に向ける。

「ママとパパ、もうダメだと思う」

突然うめき声とも叫び声とも言われぬ声を上げ、彼は私の座っている座席を拳《こぶし》で叩き始めた。バックミラーに映る息子は、頭を振りながら下を向いて、「イヤだ」をくりかえす。私は返す言葉がない。言葉があっても、涙で出てこない。あとは沈黙を乗せたまま、車は夜道をひたすら走り続けた。

家の前で、いったん車を止めて子どもたちを降ろし、夫の実家に行った。

玄関先に出てきた義母は、何もなかったかのように、「パパは家に行ったよ」と言った。言いたいこと、聞きたいことは百もあったろうに、義母は平静を装っていた。

父と家にもどると、ダイニングの椅子に息子が座っていた。信じられないことに、息子の足下で、夫が土下座をくりかえしていた。真太郎は困惑し、怒ったような顔をして、そっぽを向いている。それはそうだろう。今まであれだけいばりくさっていた父親が、いきなり土下座を始めたのだから。まずは情に弱い息子を懐柔《かいじゅう》し、私を説得させようとする企みであると、すぐにわかった。あまりにもミエミエでアホらしい。

子どものいる前で離婚話はできない。夫を促して、再度、夫の実家へ行った。

夫の実家で、義母と夫、そして私と父が対面で席についた。

「この子が悪いのはわかってます。でもこの子は私の大事な宝物なんです」と、義母は同じ言葉をくりかえした。

「子どもたちが高校を卒業するまで、今の家に住まわせてほしい」と私が言うと、「何を言ってるんだ。半分は君の所有にしてあるんだから当然だよ」と夫が言った。この時、ボイスレコーダーをもってこなかったことを私は深く後悔することになる。

一応話し合いが終わり、父と家にもどると、なぜかその後、夫もやって来た。

子どもたちはテレビを見ていた。夫はその横に座り、同じように足を伸ばし、一緒にテレビを見始めた。「もう寝る時間よ」と、私が子どもたちに声をかけると、夫はしぶしぶ立ち上がり、二人に「おやすみ」と言うと、しょんぼりして家から出ていった。

「未練タラタラだな」父が呆れたように言った。

「子どもは大好きなのよ。あの癖《くせ》さえなかったら、いい父親なんだけど……」

モラ夫に正攻法では絶対勝てない

話し合いの翌日から、私は離婚に向けて、本格的に証拠集めと整理にかかった。百均ショップでファイルを購入した。証拠品をファイルして、調停で要求されたらすぐに出せるようインデックスをつけた。

引っかかるのは、話し合いの時に彼が発した、家の「半分は君の所有にしてあるんだ」という言葉である。おかしい。登記は一〇〇パーセント、夫のはずだ。私はこの目で、登記簿を見た。そこに私の名前はどこにもなかった。

私は法務局へ行った。登記簿をとって確かめると、やはり私の名前はない。呆れた。こうやって、彼は平気で嘘をつくのだ。その嘘が露見《ろけん》しても、また適当な理由をつけて、私の思い違いだったことにしてしまうのだろう。それ以上こちらが何か言えば、こんどは逆ギレして怒鳴りはじめ、そして何週間も沈黙する。今までさんざんやられてきた。家庭という密室だったから、私が言ってないことを言ったと怒鳴られ、彼が言ったことも言ってないと罵倒《ばとう》された。そうやって私を今まで追いつめてきたのだ。

正攻法では絶対に勝てない。私はそのことを再認識した。

数日後、夫の携帯に電話した。夫は、「はい、はい」と神妙に答えた後、「あの〜、調停ですが、なんとか取り消してもらえませんでしょうか」と、おちゃらけた口調で言った。私はムラムラと湧き上がる感情を抑えることができず、「できません！　もうたくさん！　もうたっくさん！」と、電話を切った。

あなたは何度も何度も「離婚だ、離婚だ」と言ったじゃないか。「出て行け」と叫んだじゃないか。香子がお腹にいた時も、離婚届に「さぁ、ハンコをつけ」と突き出したじゃないか。「お前となんか結婚するんじゃなかった」と言い続けたじゃないか。

これはあなたの、「お望みの結末」のはずだ。

あの男を一歩も家に入れるな

三日後、夜九時をまわってから、突然夫が家にやって来た。私と子どもたちはびっくりして固まった。夫は風呂場へ行って風呂に入ると、こんどは客間にフトンを敷き始めた。すべて無言である。そして静かに襖《ふすま》を閉めた。

三人で顔を見合わせ、襖を見た。夫は、その夜、そのまま泊まってしまった。

翌朝、夫は自分でフトンをたたむと、家を出ていった。そしてその晩、またやって来て、同じように風呂に入って、フトンを敷き、寝てしまった。

困った時のみどり頼みである。友人のみどりは、結婚当初から「あんたとあの人は合わないよ」と言い続けていた。離婚話がもち上がったころからは、何度となく電話で相談していた。

「なんて図々しいんだろうね。そうやって、なし崩しにするつもりよ、絶対。来ないでほしいと言いなさい！」「え〜、怖くて言えない」

「電話でいいからちゃんと言いなさい！　あの男を一歩も家に入れるんじゃない！」

私は手帳に言うべきセリフを書き留め、深呼吸し、夫の携帯に電話した。

「あなたが来ると私、怖いのよ。来ないでくれるかな」

恐る恐る言うと、夫は「わかった」と、か細い声で答えた。

みどりには、この後も何度となく知恵を授かった。

「ふぅ〜ん、やつはそう来たか。何考えてんだろう。こういう場合ってさ」

みどりがうれしそうに語るのを聞いて変な気がしてきた。

「みどり、あんた楽しんでない？」

みどりは一瞬息を飲んでから、ワハハハと豪快に笑った。

「バレた？　こういうイベントってめったにないもんね。張りきっちゃって」

ブリーフケースを追いかけて

自分の家に、どんな財産があり、いくら貯金があるか、私はまったく知らされていなかった。離婚調停に臨むにあたり、それが大きな悩みのタネだった。

私自身の月々の給料はすべて生活費に消え、ボーナスは夫に全額取り上げられていたので、私名義の貯金はわずかしかない。

貯金等の分配を要求するには、おおよそでも金額を知る必要があった。むろん、夫に直接聞いても、彼が本当のことを教えるはずがない。

　夫が家を出る三ヵ月前、夫が出張へ出かけた。私はその時、家じゅうくまなく探した。見つけたのは、子ども名義の通帳で、わずかな金額しか入金されていなかった。

　家裁へ調停の申し立てをするすこし前、実家にもどっていた夫が、ひょいと帰って来た。タンスの上に置いてあったブリーフケースを取りに来たのだった。その時、なかから保険証書を取り出し、「これ、あんたの分の保険だから」と言って、私に封書を渡した。私が受取人になっている養老保険の保険証書だった。夫がブリーフケースを開けた時、なかに貯金通帳や書類がぎっしり束になって入っているのが見えた。

（そこにあったんだ！）地団駄を踏んでも、もう遅い。夫はブリーフケースを小脇に抱え、さっさと家から出ていった。

　その後、夫の実家へ行ってみた。「ちょっと探しものを」と言って、なかに入ると、義母は不審げに後からピッタリはりついてくる。

「何？　何を探しているの？」「うん、ちょっと」

　家のなかをウロウロ歩く私の後ろを、義母は絶対に離れない。もちろん以前の義母なら、そんなことはしない。結局、目的の物は見つからず、あきらめて家にもどった。

仕方がない。財産は、わからないまま調停をするしかない。なかば覚悟を決めた。

数日後、会社から一日休暇がもらえることになった。休日出勤をした分の代休だった。朝から霧雨が降ったりやんだりで、洗濯もできず、床の雑巾がけをしていると、携帯電話が鳴った。友人の景子さんからだった。

「頼まれていた品物がそろったんだけど、どうする？　届けに行きたいんだけど、今日はちょっと体調が悪くて」「あ、いいよ。私、今日お休みだから取りに行く」

景子さんは老舗《しにせ》の蒲鉾《かまぼこ》屋に嫁いだ。義母は、その店の蒲鉾が大のお気に入りで、親戚が来ると、取り寄せてお土産に持たせていた。注文するのは、いつも私の役目だった。その時は、遠くからやって来る義母の妹のために、特別の蒲鉾を注文していた。

義母は、調停というものを「仲直り」のための話し合いだと思っているらしかった。よく話し合えば、また元の生活にもどると信じていたのだろう。だから、これまでどおり、私に蒲鉾の注文を頼んだのである。

景子さんは、嫁いで一〇年を過ぎるころからリウマチを患うようになっていた。とくに雨の降る日は体じゅうが痛むと、入院した時、悲しそうに言っていた。彼女の家まで車で三〇分、蒲鉾を取りに行って、義母宅に届けても、一時間ほどで済む用事だ。

景子さんは、玄関の上り口で横座りして、しきりと肘《ひじ》をさすっていた。彼女の横に、蒲鉾の箱とバッグが置いてある。

「あんまり具合が悪いから、病院に行こうと思って」「病院まで送ろうか？」「そう？悪いわね。駅まででいいから」「いいわよ。ついでだから病院まで送るわよ」

景子さんを助手席に乗せ、まずは義母宅へ蒲鉾を届けに行く。

荷物をもって義母宅のベルを鳴らしたが、戸の向こうから何の音も聞こえない。

「おばあちゃん？」

引き戸に手をかけると、スルスルと開いた。「おばあちゃん？」と奥に声をかけるが、家のなかは、しんと静まりかえっている。鍵もかけず、どこに行ったのだろう。

もしかしたらと思い、義母の姉の家へ電話した。

義母は三人姉妹の真ん中だった。姉妹はとても仲が良く、おたがい頼りにして、義母は何かあるたびに伯母宅を訪れていた。義母がいないと、伯母に電話をかけるので、番号はそらで覚えている。思ったとおり、義母は伯母の所にいた。

「おばあちゃん？　頼まれていた蒲鉾が届いたんだけど」

「ああ、一恵（妹）が今日のお昼に帰るから、姉さんと一緒に駅まで送ろうと思ってね、こっちに来たのよ。そう、間に合ったんだ。よかった。悪いけどそれ、ここに届けてもらえるかしら」「いいわよ。これからすぐに届けるから」

そう言って電話を切る私の手は歓喜で震えていた。お昼の電車に乗る妹を送りに行った姉妹は、そこで別れてそれぞれの家にもどるか。あり得ない！

これは千載一遇《せんざいいちぐう》のチャンスだ！　兄弟は三年離れていても三分で話を終えるが、姉妹は三分離れていても三年分しゃべるという。この姉妹は、会えば話がとぎれない。まるで口の筋肉が、心臓か胃袋のように動きっぱなしで、何時間でも延々としゃべり続けている。

義父の生前、義母と一緒に外出すると、義母は三時には時計を気にし始め、四時近くになると、そわそわして落ちつかなかったが、義父亡き後、時計を気にする必要がなくなり、義母には「自由の羽根」が背中に生えた。妹を駅で見送り、姉の家へもどり、腰を落ち着けてまたしゃべり始めるにちがいない。時計を見た。午前一〇時半。夕方五時まで、確実にこの家は無人になるはずだ。

車にもどり、待っていた景子さんに、「病院に行く前に、ちょっと親戚の家に荷物を届けるから」と断り、伯母の家に向かった。ありがとう、景子さん。あなたは私を救ってくれた。あなたは私の恩人だ。思わず口元がゆるんでしまう。

「どうしたの？」と不思議そうに景子さんが私の顔をのぞき込んだ。

「景子さん、あなたはきっと、私の人生のキーパーソンだわ」

チャンスの神が微笑む時

蒲鉾を届け、景子さんを病院まで送り、ふたたび夫の実家へ向かった。なかに入ると、柱時計の音だけがやけに大きく響いていた。あのブリーフケースはどこにあるのか。鍵のついた場所に隠されていたらそれで終わりだ。ぐるりと居間を見回した。

夫は妙に勘のいいところがある。絶対に来るはずのない時に、ひょいと顔を出したり、一〇年に一度開けるか開けないかという場所に隠し物をすると偶然開けたりする。今こうしている間にも、急に仕事を抜けて、ひょっこり帰ってくるかもしれない。ハッとして、玄関に脱いだ靴を取りに行った。

この家には下駄箱がなかった。義父には「下駄箱は玄関に置くものではない」というわけのわからぬ信念があった。下駄箱がないから、いつも玄関は靴でいっぱいだった。

下駄箱を玄関に置かなければ、いったいどこに置くというのだろう。不思議な男だ。

義父は、新しく家具を買うことを絶対に許さなかった。だから、以前は古くて安い家財ばかりだったのだが、義父が亡くなって一年が過ぎ、ちらほらと明るい色の調度品が増えていた。

とにかく急がなければ。戸棚を開けても何もない。天井を見上げ、ぐるっと部屋を一回りする。(そうだ、タンスの上!)

二階へ走った。この家の階段は、まるで鶯《うぐいす》張《ば》りみたいに、小さな子どもが歩いてもミシミシと音がする。ケチで疑り深い義父は、大工がはじき出した見積金額を値切り倒したために思いきり手抜きの工事をされた。それがミシミシの原因と義母から聞いた。

ミシミシ階段を上って最初の部屋に、タンスが二棹《さお》並べて置いてある。しかしタンスの上を見ても何もない。やはり最初から、どこもかしこも全部開けてまわらないとダメなのか。下へ降りようとしたその時、夫の言葉がふと閃《ひらめ》いた。「奥底へ隠すから泥棒にもって行かれるんだ。そのへんに置いとけば、金目のものだと思わない」

あの人は木を森に隠す。絶対に、奥底へなんか隠さない! 彼の身長は一八〇センチ。私は一五五センチ。当然、視界も、手の届く場所も違ってくる。私はダイニングから椅子をもってきて、その上に立ってみた。すると、背の高い棚の上に見覚えのある物体があった。「ビンゴ!!」

思わず「ズームイン！」のポーズが出る。急いで引っぱり出し、ブリーフケースを開けた。なかをのぞくと、ぎっしりと書類が詰まっている。あの時と同じだ！

大急ぎで椅子を元にもどし、ブリーフケースを抱えて外に出た。

いよいよ時間との勝負だ。我が家にもどり、ブリーフケースから書類を取り出した。通帳、登記簿、家の設計図、公庫の申込用紙のコピー、権利書、その他法務局のレシートなどなど、いったい何十枚あるのか。おそらく財産に関わるもの全部を、このなかにまとめておいたのだろう。コピーをとらなくては。でもいったいどこで？　近くのコンビニ？　コピーして、きちんと元通りに並べる作業をするには広い場所が必要だ。

一瞬、職場も考えた。だが、往復の時間だけでも一時間半かかる。

そうだ、デジタルカメラだ！　家で仕事をしようと思って、ちょうど会社のデジカメを借りてきていたのを思い出した。当時、まだデジカメはとても高価で、自分ではもっていなかったが、仕事では使う機会が増えていた。

しかし、こんな細かい文字が、デジカメで撮れるだろうか。不安があったが、ものは試しとテーブルに書類を置いて二、三枚撮り、パソコンとデジカメをケーブルで繋《つな》いでみた。なんて素晴らしい日本のテクノロジー！　画面には、通帳に印字された文字も、青焼きされた家の図面に書いてある数字も、くっきり鮮やかに映し出されていた。

指紋が残らないよう軍手をはめて、一枚一枚、テーブルに並べてはシャッターを切っていった。順番が狂わないよう、撮ったものから慎重に紙を重ねていく。しかし軍手が分厚くて、作業が遅々として進まない。イライラしながら紙をめくろうとがんばっていると、アッと思いついた。私はまだ離婚をしていない。

嫁の私が夫の実家へ入って何が悪い。私と夫の共有財産を調べて罪になるわけがない。軍手を放り出し、私はつぎつぎにシャッターを切った。

書類のなかには郵便局からの「一〇〇〇万円超過通知」が二通あった。子ども名義で郵便局へ貯金をしていたが、限度額を超えたので何とかせいという通知である。つまり、すくなくとも二〇〇〇万の貯金はあるということになる。超過通知と一緒に、帳票用紙に打ち出された貯金履歴があった。几帳面な夫らしく、二人の子どもの口座に同日同額ずつ貯金していた。

すべて必要なものは撮り終えて、書類を元にもどし、ブリーフケースを携えて夫の実家へ車を走らせた。家のなかは、しんと静まりかえっている。元の場所にケースを置くと、急いで家を出た。雨はあがり、明るい日の光が雲間から見え隠れしていた。

パパ、ママ、どっちにつくの

数日後、義母が血相を変えて家にやって来た。

「この家を売って、あんたたちを追い出すってパパが言ってるよ！　ローンを全部返すって！　不動産屋に頼んで売るんだって！」と、興奮状態の義母が言った。

二人の子どもの成長を見続けてきたこの家が人手に渡る？　そんな馬鹿な……。

悲しい思いもたくさんしたけれど、ここは、子どもたちとの思い出がいっぱい詰まった特別な場所だ。泣きべそかいている真太郎、はしゃぎ回る香子。柱の傷の一つ一つにも思い出がある。クリスマスの日も、誕生日も、入学式の日も、生まれたばかりの子どもがバスケットに入れられて初めてこの家に来た日も、子どもたちと過ごした時間は、私にとってかけがえのない宝物なのだ。それなのに、この家がアカの他人の手に渡るですって？

「あんたが離婚なんて言わなきゃよかったのよ！　あんたのわがままで、みんな不幸になるんだ！　あんたには出て行ってもらうからね！　真太郎、香子、あんたたちはパパ、ママ、どっちにつくの!?　はっきりしなさい！」

義母の様子は尋常ではなかった。真太郎と香子は下を向いたまま、義母の言葉を黙って聞いていた。義母はさらに、あの時のあんたはこうだった、ああだったと、今までの私に対する不満をぶちまけた。ショックだった。ああ、これがこの人の本心だったのか。いつも一緒に笑ってお茶を飲み、買い物をし、実の母より慕《した》っていた義母。私は、お義姉《ねえ》さんのように完璧な家事はできなかった。それをカバーしてくれていた義母。できないことを許してくれていると思っていた。ところが義母は、不満を隠し持ちながら、私と接していたのだと、その時初めて知った。

義母は、いっこうに帰らない。ハイテンションのまま、これでもか、これでもかと、胸に秘めていた不平不満をぶちまけている。困ったぞ。子どもの前で延々と続いている。何とか帰ってもらわなければ。私は一計を案じた。「おばあちゃん、話し合えば変わるかもよ」「は？」義母はキョトンとした。

「これから、あいだに人が入って話し合うわけだから、事情も変わるかもしれないよ」

そう私が言うと、まるで悪い憑《つ》き物がおちたみたいに、すーっと義母の顔つきが変わった。「そうか、そうだね。そうかもしれないね。うん、話し合うんだもんね」

急に目の前が開けたのか、義母は帰っていった。

翌日、私は職場の法務課へ突進する。妻子が住んでいる家を、夫が一〇〇パーセントの名義人だからといって、夫の一存で売ることができるのか、それを弁護士に確認したかった。答えは、イエス。目の前が真っ暗になった。だが、その弁護士によれば、共稼ぎだったら半分の権利を買い取ることはできるという。そこで、半分の権利とは、いったい金額にしていくらになるのか調べることにした。

高校時代の後輩で、税理士となって活躍している知人がいた。愛称は「ポン」。ときどき町で会うと、おたがい挨拶《あいさつ》を交わし、ポンはニコニコッと笑って「松井さん、元気ですか？」と私の旧姓を呼ぶ、そんな仲だった。電話帳で事務所の番号を調べ、さっそく電話した。事務所に出向くと、彼は快く相談にのってくれた。「ポン、あ、佐川先生って言わなきゃいけないのよね」「いいっすよ、松井さんに先生なんて言われたくないっすから。ところで調べ物って何ですか？」「私、離婚するんだ」

ポンがぎょっと目をむいた。「またまたぁ〜。じつは、この間、初めて離婚裁判の証人になったんですけど、相手からは恨まれるわ、もう金輪際《こんりんざい》証人になんかなるもんかって思いましたよ」「誰もポンに証言台に立ってもらおうとは思ってないわよ。私の家ってどれくらいの値段がするか調べてもらいたいの」

もってきた登記簿をポンに見せると、彼は棚から資料を引っ張り出して調べ始めた。

「う〜んと、なにしろ一五年経ってますからね、建物の価値はあんまりないかな。ま、一〇〇〇万ってとこかな」

「一〇〇〇万か。ありがとう。相談料払わなきゃいけないわね。いくら？」

「いいっすよ、これくらい世間話の範囲っすもん」と手を振った。

これからどれだけお金がかかるかわからない。ポンの好意は素直にありがたかった。

「松井さん、体に気をつけてくださいね。離婚って、すごく大変そうだから」

「ありがとう、ありがとうね、ポン」

第六章　モラル・ハラスメント脱出への道

今はすべてバラ色、二人でいるのが楽しくてしょうがない。素晴らしいことさ。だが、いずれ、この皿はどっちがとるかって、ののしり合うことになるんだ。（略）

悪いことは言わない。自分の本には自分の名前を書いておけ。今、すぐに。どっちがどっちのものか、わからなくなってからじゃ手遅れなんだ。いいか、信じられんかもしれんが、二人はこのコーヒー・テーブルを、悪趣味な車輪の、ガレージセールで買ったみたいなコーヒー・テーブルをめぐって徹底的にやり合うことになるんだ。

——映画「恋人たちの予感」より、ノーラ・エフロン

第一回離婚調停スタート

離婚調停が、いよいよ始まった。家庭裁判所に提出した申立書に「夫は何をするかわからない」と書いたので、身体的暴力と思われたらしい。裁判所側は配慮して、二人の面談に大きく時間差をつけてくれたり、待合室の場所を遠ざけてくれたりしていた。

待合室は、三畳ほどの小さな部屋で、ベビーベッドが置いてあった。ここで乳飲み子を寝かせて、呼び出しを待つ若い母親もいるのだろう。

待合室で待っている間、携帯から職場で心配しているはずの後輩にメールを打った。

「旦那から殴られていると思われて気をつかってもらっちゃった」

職場のパソコンの前で、くすりと笑う後輩の顔が目に浮かんだ。

まもなく呼ばれて面談室に行くと、下調べのとおり、担当の調停委員が二人座っていた。一人は、しかつめらしい六〇代の男性、もう一人は見るからに婦人相談員といった感じの、賢く優しげな五〇代の女性だった。私と夫は別々に呼び出され、おたがい顔を合わせなくてもいいようになっていた。

申立書につけた実情書が効いたのか、「あなたにも問題があるのではないですか」というような話はまったく出ない。二人は、私がもって行った一九年間の家計簿をいっさい見ない。夫は、生活費を渡さなかったことを認めたらしい。

「あなたも収入があるんだからいいと思ったそうですよ」と、男性が言った。

「そんな、収入の額が全然違うのに」と私が言うと、「そうですよねぇ」と女性はうなずき、「実情書を拝見しましたが、よく我慢されましたね」と言った。

「ええ、何度も別れようと思ったんです。でも、なかなか決心がつかなくて。最初に書いた調停の申立書です」と、以前書いた用紙をテーブルの上に差し出すと、女性は「あっ、前の様式だわ」と驚いた。

「書いた中身は全然変わっていません。精神的に虐待されているということです」

二人はウンウンとうなずいている。

「慰謝料請求はしないんですか？」突然、男性が言った。

「子どもの父親に慰謝料請求なんか、できません」

男性はうれしそうに、さらに大きくウンウンうなずいている。この世代は請求したらきっと心証を害するだろう。

夫は離婚についてまだ決心がつかない、婚姻費用(※)を払って別居にしたいと言っていると二人から聞かされた。私は、今の家に子どもと一緒に住んで、適切なお金さえもらえれば、離婚にこだわることはないと思っていたので、この条件を受け入れることにした

（※婚姻費用とは、夫婦が生活を送るうえで必要なお金のこと。民法の規定により、夫婦は相手の生活を自分と同じレベルで維持し、夫婦の資産、収入その他の事情を考慮し、婚姻から生ずる費用を分担する。別居中でも婚姻関係が継続していれば、相手の生活を維持するため金銭の援助を行う）。

「家のローン、水道・光熱費、子どもの学費を出してもらうことでいいですね」

「いえ、そのほかのお金も必要ですけど」

「え〜〜〜、ふつうはこれだけですよ〜〜〜」びっくりして女性が言う。

「相手がいいと言ったら別にかまわないですよね」

「まぁそうですが、もし相手が嫌だと言ったら、どこまで落とせます？」

「その金額で突っ張ってください」

婚姻費用や養育費に法的数字はない。相手がいいと言えばそれが通り、お金があるのにないと言えば、それも通ってしまう不思議な世界だ。それがグローバルスタンダードにはほど遠い、男に甘い日本の現状である。

離婚後に、養育費をきちんと払っている日本人の男は約二割という。自分の子どもの

生活費すらまともに払わない輩《やから》がごまんといて、それを弁護士ともあろう者が「仕方ないですね」とやり過ごす。それで先進国と言えるのか。

『判例タイムズ』一一一一号には、養育者の支払うべき養育費の算定額が載っている。我が家の場合は、一〇万〜一二万円がその標準額であった。

ところが二人の調停委員は、最後まで、一人二、三万円が相場と言って譲らず、何度も「相場」という言葉をくりかえした。離婚した後も、親は子どもたちが今と同等の生活を営めるようにする義務がある。一人二万円で、何をどうしろというのか。夫は年金生活の母親と二人の生活、私のほうは、食べ盛りで、学費にもお金のかかる子ども二人を抱えた母子三人の生活、どちらが金銭的に厳しいか。小学生が考えたって、わかりそうなことだ。光熱水費、学費、学資保険、合わせても月八万円弱。年収八〇〇万円の夫にすれば、わけもない金額のはずだ。

母は強し。わが子らを守るため、そう簡単に引き下がるわけにはいかない。

「今まで私は生活費をもらってこなかったわけですから」と私。

「今までのことは関係ありません」と女性。「旦那さんもお母さんと二人暮らしなんだからね、そこんとこ、考えてあげたらどうですか」とオヤジ。

「義母は、夫からお金は一銭ももらっていないと、言っておりましたけど？」と、私は素朴な疑問を投げかけた。すると二人は「えっ？」と顔を見合わせた。夫は嘘をついているらしい。女性が夫の待合室へ、話しに行った。

ほどなくもどってきた彼女は、「ご主人、ＯＫ出しました！」と、キツネにつまれたような顔で報告した。

夫の隠し財産に調停委員が同調？

話し合いは、貯金の分割に入った。

「貯金の総額は七〇〇万円」と、夫が言ったという。二〇〇〇万円超過の通知が来ているのに、ずいぶんと大胆に嘘をつく。

じつは、彼が隠し持っていたのは、二〇〇〇万円だけではなかった。後から子細に調べると、どうやら甥《おい》の名義でも、同額の貯金をしているフシがあった。私がエクセルで集計した貯金額の総計は、四〇〇〇万円になっていた。嘘もここまでくれば天晴《あっぱ》れであるが、感心している場合ではない。他人名義での貯金は郵便貯金法違反である。

「七〇〇万なんて、そんなはずないです」と私。「旦那さんが死ねば、貯金は結局あなた方のものになるわけだから」と男性。「私が先に死ぬ場合だってあります」

「まぁそうですが……」男性は渋い顔をした。

以前に相談した弁護士も、同じようなことを言っていた。「ご主人が死ねば子どものもの、ひいてはあなたのものですよ」と。このセリフは、この筋の人たちが使う常套句《じょうとうく》のようである。

「夫は甥の名義でも貯金しているんです。これって郵便貯金法違反でしょ？」

そう言うと、男性は「そんなもの、誰だってやってるでしょ。ま、聞かなかったことにしましょうや」と大声で言い、女性を見てへへーと笑った。女性は困ったように下を向いて、書類を見始めた。裁判所という場所で、こんな罪、誰でもやっているからいいなどという発言を耳にするとは夢にも思わなかった。

一番の問題は、家の権利の分割だった。たとえ権利を買い取るのに費用はかかっても、これだけはきちんと解決しておかなければならない。家の売買について税金のことを知りたかったので、調停委員に断って廊下に出て知人の税理士、ポンの事務所に電話をかけた。調停の場は特別外界と閉鎖されているわけではない。「相談するから」と言って外に出て、助っ人に電話をかけることも可能である。

夫は、家の権利に関しては絶対にウンと言わなかった。夫の実家で話し合いをしたあの夜、夫が「権利はフィフティフィフティ」と言った言葉をボイスレコーダーにとっておけばよかったと、心の底から後悔した。だが後悔していても始まらない。前進あるのみだ。

「では、家の所有権移転の調停を、もう一本起こすことにします」

こうして第一回目の調停は終了した。ぐったり疲れた。

「妻さえ我慢すれば」に終止符を

「モラル・ハラスメント被害者同盟」へのアクセス数が急速に増えていった。ドメスティック・バイオレンス（DV）関連サイトの管理人に、リンクのお願いのメールを配り、そこから辿《たど》ってくる人が多くなったせいである。

DV関連のサイトには、DVの定義のなかに「精神的暴力」もあげられている。しかし、「精神的暴力」が何を指すのか、はっきりと書かれていない。私のサイトでは、具体的事例として私自身の体験談を載せた。これが思わぬ反響をよび、「つらくて読めませんでした」「自分の体験と重なって号泣しました」などのメールが届いた。

掲示板のなかに、こんな書き込みがあった。「モラハラは、ぬるいお風呂につかっているカエル。最初から熱ければ飛び出すが、最初はぬるいので、少しずつ温度が高くなってもカエルは気づかず、最後には熱湯の中で茹で上がって死ぬ」

チャンスの神は実は女神との書き込みがあったのもこのころである。

アクセス数が増えるのはうれしかったが、一方で、複雑な思いがあった。この国で、同じ苦しみを抱えて生きている女性が、こんなにもいるということだ。

家庭内モラル・ハラスメントを、ジェンダーの問題と言う人は多い。

たしかに家庭内モラハラは、ジェンダーの問題とは切っても切り離せない。長い間の家父長制が、「亭主関白」の名を借りて、夫の横暴を許してきた。そのうえ、悪いのは夫でなく、それを許さない妻のほうだと世間は言う。夫は手のひらで遊ばせるものなのだと、妻たちはたしなめられてきた。

夫は何をしてもよかった。暴力を振るえば、「叩かれるようなことをする妻が悪い」「どこの家でも一発や二発あるものだ」「女は口が達者だから殴って教えるんだ」と言う。調停という公の場で、夫はそんな言葉を堂々と言い放つ。それを許す空気が「世間」にはある。妻たちは沈黙し、涙を飲む。

妻たちが耐えきれず、離婚しようとすれば、「片親の子どもはグレる」「妻さえ我慢すれば丸く収まる」と、責められるのは妻ばかり。ひたすら夫のため、子どもたちのために耐え忍ぶ妻が賞賛されてきた。子どもは、親の言いつけは絶対と言われ、体罰はしつけとされてきた。その歪《ゆが》んだ関係のなかで妻の心と体は蝕《むしば》まれ、子どもの人格はガタガタに崩壊していく。家庭内のモラハラは、クモの巣のように拡がって、学校へ、職場へと連鎖し、今、社会はその脅威におびえている。

ゴーマン調停委員の横暴に喝!

第二回目の調停は、財産の分配方法から話がスタートした。
調停委員から、「まず旦那さんから話を聞きます」と言われ、私は退席した。あのベビーベッドのある部屋で待っていたが、今回はなぜか待ち時間が長い。三〇分が過ぎ、もうすぐ一時間になろうとしている。いったい、夫は何をしゃべっているのだろうか。
女性に呼ばれ、ふたたび面談室に行き、席に着いた。すると、二人の表情が険しくなっている。夫が、婚姻費の一〇万円が多すぎる、何に使うのかと聞いていると言う。生活費だと答えると、それを紙に列挙せよと言う。二人に言われて退席し、控え室で紙に

「生活費」を書き出した。後にモラル・ハラスメント被害者同盟の掲示板に、同じような書き込みがあった。

「旦那さんがお金を何に使うか聞いておられます」「生活費ですが」「ですよねぇ、あなたの夫は生活費というものがわかっていないようですね」

そう言って、妻と調停委員は大笑いしたという。こちらの調停委員は夫に同調し、二人そろって「生活費とは何かを書け」と大まじめに言っている。

「食費、学費、医療費、衣料費、床屋代、部活の経費、携帯代、お小遣い……」と思いつくまま紙に書いて部屋に行き、調停委員に渡すと、いきなりオヤジが怒鳴《どな》った。

「携帯なんて贅沢《ぜいたく》だ！　小遣いなんてやってるんだかどうだかわからんだろ！　私に言わせりゃあんたたちは贅沢なんだ！　だいたい家計なんてもんはひとつなもんだ！　だのにあんたたちは最初から分けてるじゃないか！　それが根本の間違いなんだよ！」

黙って聞いてりゃいい気になってと、私も立ち上がった。

「私だって一緒にしたかったですよ！　最初から分けたのはあっちです！　そんなこと、あっちに言ってくださいよ！」

猫の皮はとっくにかなぐり捨てていた。オヤジは黙った。

調停の申立書には、妻は夫から精神的虐待を受けていると書いてある。その虐待を受けていた側に向かって、怒鳴りつけ、恐怖感・威圧感を与える。これが調停委員だろうか。気の小さな人だったら畏縮《いしゅく》しただろう。でも私は、畏縮なんかしていられない。

「婚姻費は申し立てた月からの受給になりますよね」

インターネットで調べて得た知識だった。申し立てた月から三ヵ月が経っているから三〇万円が来るはずだ。

「何だって！」オヤジの顔色がサッと変わった。「こっちが話をつけてやろうとしてるのに、何だその言い草は！　そんなことを言ったらぶち壊しだろ！」

「すみません」仕方なく小さくなる。ここでも道理は通らなかった。

「あなたね」女性が冷ややかに言う。「生活費をもらわなかったと言いますが、五〇万円、渡っているはずですよ」

「家裁から調停の呼び出し状が来てから、あわててもってきた五〇万のことですか？」

夫は、真太郎《しんたろう》が高校に入学する時も、入ってからも、学費は一円たりとも出さなかった。塾の費用も出さない。香子《かこ》が、学校にもっていく五〇〇〇円をくださいと言ったら、夫は「何で俺がお前に金を渡さなきゃいけないんだ」と、小学生の娘を本気で怒鳴りつけたこともある。子どもたちに嫌な思いをさせたくなかったので、私は夫にはお金を要求しなかった。一九年間私を搾取《さくしゅ》し続け、四〇〇〇万円のお金を貯め込んでいた夫は、裁判所から呼び出し状が来た後、大あわてで五〇万円をもってきた。結婚一九年目にして、初めて渡された「まとまった金額の生活費」である。

「家財や旅行のお金も旦那さんが出したそうですね」

思い出したくもない、あの旅行。毎年行く先は同じ京都、私も子どもも夫の機嫌に振り回され、家に帰ると決まって無視が始まった、あの旅行の費用を出したから、生活費を出さなくても問題ないと、夫は言ったのだろうか。夫が買ったのは壊れて買い換えた大型テレビなど数点の電化製品や自分用の大好きなゲーム機など、一九年という長い時間の割には少ない家財道具だけである。テレビやビデオは夫の趣味である。生活費は渡さなかったが、テレビやビデオを買ったんだから、いいでしょうと、夫は訴えたのだろうか。

夫がどれほど弁舌さわやかに自分の正当性を主張したのか、それは知らない。ただ、この調停委員二人の反応を見るかぎり、夫の手法は大成功を収めていた。

貯金分配はおたがいの名義を合算して半分ずつというのが私の希望だった。

夫は、「貯金は一三〇〇万」と証言した。前回の七〇〇万円よりは一応アップした。

「え〜、旦那さんはあなたに保険の分、五〇万円を渡すと言ってます」とオヤジが言った。「いいえ、一五〇万です」と女性が訂正する。「五〇万でしょ？」とオヤジ。

女性は、やってられないというように下を向き、「一五〇万！」ときっぱり言った。

頼む、オヤジ、しっかりしてくれ！　この調停には私と子どもたちの未来がかかっているのだから。

「学費は旦那さんが払うと言っています」と女性が言った。

「大学卒業までお願いしたい」と私が言うと、オヤジが身を乗り出した。

「あのね、大学なんて入るかどうかわからんもんの取り決めなんかできないことになってるんだ。大学に入学が決まってから、もう一度調停を申し立てなさい」

ネットの掲示板には、「大学までの学費を調停で決めた」という書き込みがあったが、オヤジは堂々と、調停の場で「できないことになっている」と言いきった。

この調停委員、いったい、研修は受けたのだろうか？　こうして自分の思い込みで間違ったことを言い、うっかりミスも多く、ＤＶで精神的ダメージを被《こうむ》っている人間を怒鳴り散らすとは……。

二〇〇六年四月二四日号の『AERA』には、「調停委員は何様なのか」という記事が出た。そのなかに、「調停委員の手当は一日一万五九五〇円を上限に、時間に応じて支給される」とあった。仕事をリタイヤし、暇をもてあましている老人たちに、「調停委員」という肩書が与えられ、彼らはこの報酬を受けとる。

私のインターネットサイトで体験談を募集したところ、父親が調停委員をやっているという方から投稿があった。「元教員の父が調停委員をしているのは、裁判所の門をくぐる晴れがましさからだけです。月に何度もほかの調停委員と夜の町を、おたがい『先生、先生』と肩をたたき合いながら飲み歩くのです」

すべての調停委員が悪いわけではないだろう。なかには人格者もいて助けられたという証言もある。だが残念ながら、「悪いのはごく一部」というわけではなさそうだ。

調停委員が問題なのは、その選出方法にある。元教員、警察官あるいは有力者の妻など「地域の『名士』的存在の人が多い」（前掲『AERA』）とある。民事調停委員及び家事調停委員規則第一条に定められた「人格識見の高い」者ではなく、実際には、社会的地位がそれなりに高かった者、あるいはその配偶者が任につく。そういう人が「先生、先生」と呼ばれてその気になってしまうと、もうどうにもならない。法的知識もなく、豊かな人生経験で培われた温かい人間性もなく、ただ知ったかぶりをしたり、説教を始めたりする。調停そのものは、安価で、第三者を入れて話し合いができる、悪くない制度であるだけに、ひじょうに残念だと思う。

たかが紙切れ一枚、されど……

大学の学費の取り決めは「できないことになっている」と断言したオヤジ調停委員が、「旦那さんも再婚するかもしれないんだから、あまりきつい金額は要求しないほうがいいんじゃないか」と言い出した。未定の再婚は考慮に入れるが、子どもの将来の学費にはダメ出しをする。彼らの判断基準はいったいどうなっているのだろう。

「家の建物はローンを組んでいますから、お二人の共有財産になります。でも土地はご主人が独身時代に貯めたお金で買ったと言っていますから、ご主人のものですよ」「いいえ、土地もフィフティフィフティにしたいのですが」と言うと、女性委員が「そんな〜、ずいぶんムシがいい」と椅子の背もたれにのけぞった。私の親が、お金を夫に渡したあの時、夫は満面の笑みで札束を受けとった。夫は「あんたの口座に入れておくね」と言った。土地の購買に、あのお金も使われているはずだ。

「私の親からもらったものも、私の貯金も使われているはずです」

「たしかにそれが土地に使われたと証明できますか？」

一五年前、私が親からもらったお金が、土地購入に使われたかどうかを証明する、次回の調停までの宿題が出た。

最後に調停委員から、夫が離婚を回避したいと言っていると伝えられた。

調停の呼び出しがあってから今まで、夫は反省の態度を大いに見せていた。自分に非があることも、調停委員の前で認めていた。あの手この手でもどってこようとする子どもじみた行為に、もしかしたらやり直せるかもしれないという期待もあった。できることなら私も離婚は避けたい。

調停委員からも「家や財産の持ち分がはっきりすれば、もう一度一緒に暮らすことができるんじゃないですか？」と提案された。

たかが紙切れ一枚、されど紙切れ一枚。その薄い薄い紙切れに、私はまだ未練があった。その心の揺れを、夫は見逃さなかった。

ハラッサーは変わらない

その晩、夫が家にやって来た。あの黒いオーラをまとい、居間にいきなりズカズカ入ってきた。

夫がバンと突き出したのは、真太郎の高校の学納金を銀行引き落としにするための申込用紙だった。家裁で、夫に渡してほしいと調停委員に頼んだものだ。口座と名義人以外の箇所は、すでに書き込んである。これからは学費は夫が支払うと、夫も家裁で合意したはずだ。

「この保護者欄、あんたの名前にしろよ」

そうしなければ学費は払わないと言う。ピンときた。保護者欄に私の名前が書いてあれば、いずれ離婚したことが多くの人の知るところとなる。真太郎の高校には、私と折り合いの悪い知人がいる。私にとって、もっとも離婚を知られたくない人物だ。夫の狙いはそこにあった。

まさに嫌がらせ《ハラスメント》以外の何物でもない。今まで見せた反省はどこへ行ったのか。私が離婚を避けたがっていると感じた彼は、逆転優位の立場に立ったと思ったらしい。

二日後、新聞が配達されなくなったので、販売店に問い合わせた。

「旦那さんからこの家に配るのは止めて、今までの分は日割りにして、奥さんに請求するようにと電話がありました」

啞然とした。お金が惜しいわけではない。たかが千円二千円のお金に執着するわけではない。ただ、イニシアチブを取ったと思いこんでいる夫のやり方が、あまりにもひどすぎた。

「ハラッサーは変わらない」――。モラル・ハラスメント被害者同盟の掲示板には毎日のように、この言葉が並ぶ。彼はそれを、身をもって教えてくれた。夫の手練手管《てれんてくだ》にひっかかってなるものか。気を取り直し、私は調停委員から出された宿題にとりかかった。

さて、掲示板への書き込みが増えると、管理人としての注意もそれなりに必要になってきた。DVの掲示板で一番大切なのは、本人が自ら離婚を決心するまで周囲は意見を押しつけず、そっと見守るというスタンスをゲスト全員がもつことである。離婚を決めるには誰かに無理強いをされるのではなく、自分で決心することが大切になる。自分の意思で決めなければ離婚後に後悔が待っている。私がそうだった。離婚直後は、「これしかなかったのか」と思った二秒後、「これしかなかった」とつぶやく。しばらくはそのくりかえしだった。自分の意思で離婚を決めなければ、「私に離婚を勧めたあの人が悪い」と、いつまでも回復できないことになる。DV掲示板に必要なのは「私はあなたの気持ちがよくわかるわ」という共感である。

私のサイトのスタンスが決まった時、私は書き込んだ。

「掲示板は共感と情報交換の場です。私はここに、焚き火と夜空を用意しました。いつでもあたりに来てください。ここはいつまでもあります。たったひとりになっても、私は火が燃え尽きないよう焚き火の番人をします」

第三回目の調停までに、私が親からもらったお金が土地購入に使われたかどうかを、どうやって証明するか。手続きはすべて夫がやっていたため、私はお金の動きがまったくわからなかった。ただ、土地を買う時におろした私名義の定期郵便貯金払戻証書があった。家の名義は半々にするとの約束を破った夫が許せなくて、夫がいつものようにポイとテーブルに放り出していた物を、いつか使うことがあるかもしれないと、私はずっと手元にもっていた。

どうすれば証明できるか。建築士のネット友だちに連絡し、公庫の手続きなどからわかることはないか、デジカメで撮った画像をネット上に送った。数百キロ離れた所に住んでいる者同士が、パソコンで同じ画像を見ながら無料のＩＰ電話で話し合った。

「なんだ、公庫の申込書に『共有財産とする』って書いてあるじゃない。なのに自分だけのものにしちゃったの？　ひどいね」

私は気になっていたことを聞いた。「私の口座からお金をおろしているんだけど、これが建物か土地のどちらに使われたかわかる？」

私の貯金口座から百万単位のお金をおろした日付と、土地の登記を受け付けた日付が同じだった。それが、このお金で土地を買った証明になるだろうか。

「建物を買うための公庫申し込みが半年後じゃない。この当時は金利が高かったから、一日おけばなんぼって利子がついた時代よ。お金をおろしてから半年先の建物購入まで、そのまま現金をおいておくわけないじゃない。誰がどう見たって、このお金は土地を買うために用意されたものよ」

証拠は最初に出してはいけない

「旦那さん、離婚したいって言ってますよ」

三回目の調停開始早々、いきなり調停委員から言い渡された。
すっと背中が伸びた。「結構です」
夫は私が離婚を避けたがっていると踏んだ。離婚のカードを切れば、私が腰砕《こしくだ》けにな
り、自分の言うなりになると思ったのだろう。相手が強く出れば下手に出て、弱くなれ
ばいきなり豹変《ひょうへん》して攻撃を始める。モラハラの教科書どおりの反応だ。
調停委員は私の返事を夫に伝えに行った。自分から言い出したのだから、もう黙って
受け入れるしかないだろう。夫の真意は、私にはわからない。私は、「新聞は日割り
に」と、販売店から言われたあの日から、完全に腹が決まっていた。
調停委員が部屋にもどって来ると、うんざりした顔で言った。「旦那さん、家の建築
や家財でお金を使っているから預金はほとんどないと言ってますよ」
「これでもですか？」と、子どもたち名義の貯金通帳のコピーを出した。
「なんだ、二年前に五〇〇万ずつ入金しているじゃないか！」
オヤジ調停委員と女性はコピーをしげしげと眺めた。
「五〇〇万どころじゃないですよ」と、私はデジカメ画像や他の通帳のコピーをテーブ
ルにずらりと並べる。ロイヤルストレートフラッシュ！

二人は顔を見合わせて呆然とした。

弁護士から言われていた。「いいね、証拠は最初から出しちゃいけないよ。相手はかならず嘘をつく。全部嘘をつかせてから、最後に証拠でひっくり返しなさい」

偉いぞ、ワタシ。そのアドバイスを実践した。

お金より大切なこと

夫に貯金の証拠のことを伝えてきたオヤジ委員が、モジモジしながら言った。

「旦那さんがね、あのお金は、おじいさんが二人のために貯金したものだから親に返したって言うんですよ。もうないそうです」

あの一〇〇〇万円超過通知には六月、一二月のボーナス時期に、数十万ずつのお金が入金されているのが刻印されていた。どうして年金生活者にそんなことができようか。

あまりに見えすいた夫の嘘に、調停委員の二人も困った様子で、下を向いている。

「わかりました」

調停は裁判ではないので、これ以上は無理だ。話は不動産に移る。

「あなたが土地の権利を主張できる証明ができましたか？」とオヤジ。

「これです。すべての書類を用意しておき、貯金をおろして相手方に振り込んだ日に、同時に登記の受け付けをしているんです」

友だちから仕入れた知識を披露し、例の私名義の定期郵便貯金払戻証書を提出した。調停委員の顔つきが変わり、メモをとる手が速くなった。

夫はこれでも納得せず、家の権利は全部自分にあると主張し続けた。さすがの調停委員も「古い考えの人ですね」と首をかしげた。しかし、調停委員はつけ加えてこう言った。「調停は譲り合いの場です。あなたも譲れるところは譲らないと」

私はそれを聞き、身を乗り出した。「私はこの貯金の半分を要求する権利があります！　でも私はこれを放棄します！　これが私の譲歩です！　だから相手にも譲歩してもらってください！　もし夫がウンと言わなければ、私はこれをもって裁判します！」

お金は働けばまた手に入る。でも、子どもたちと過ごす時間は一度きりだ。あの子たちに、できるだけ同じ生活環境で、穏やかな暮らしをさせてあげたい。親の勝手な都合で、これ以上、二人に悲しい思いをさせたくない。そのためにも、あの家はどうしても譲れない。私はお金より、子どもたちと一度きりの時間を取った。

裁判したら負けるよと、調停委員から言い含められたのだろう。夫は家を私に売り渡すことを承諾し、私たち夫婦の離婚は成立した。

名誉と財産保持のため、離婚裁判を起こす人が多くなった。私は彼女たちを心から尊敬する。私は早く離婚して再スタートを切ることを選んだ。どちらがいいのかはわからない。妻が悪いと主張する夫から裁判を起こされ、借金をしながら裁判を続け、勝利を勝ち取った人もいる。「借金は残ったけど、今はとても満足です」と彼女たちは言う。

弁護士・荘司雅彦氏の小説『離婚裁判』のなかで、主人公の加奈子はひとりで法廷に臨んだ。彼女が真から生き直すためにはひとりで戦うことだと弁護士に勧められたからだ。そして彼女は勝訴し、精神的自立を果たす。しかし実際には、目に見えない、人と人との感情の対立という精神的暴力を立証することは、ひじょうにむずかしい。裁判官の個人的傾向という壁もある。それでもなお裁判を辞さないという彼女たちは一様に逞《たくま》しい。私はいつも眩《まぶ》しい気持ちで彼女たちがネットの掲示板に、ブログに書き連ねる言葉を見つめている。

罪悪感と解放感のはざまで

「じゃ」と言って、夫は裁判所の門から去っていった。

誰よりも温かい家庭が欲しかったのは夫である。自業自得というには、その背中はあまりにも寂しかった。

おそらくは、あの数々の証拠をもって裁判すれば、きっと貯金の半分は手に入れられただろう。でもそれをすれば、また長い間、夫とドロドロとした戦いを続けなければならない。この三回の調停だけで、私はもう疲れ果て、精神的にもギリギリの状態だった。「明るく楽しいモラハラ離婚、なってうれしい母子家庭」を目指したが、清々しい気分にはほど遠い。どうしても、夫に対し、かわいそうという気持ちがぬぐえない。

夫も私もクリスマスが大好きだった。義父は外国人の祭りをする必要などないと言って、決してクリスマスを祝おうとはしなかった。幼いころ、義父に隠れ、夫は兄たちと一緒にツリーを買い、三人でクリスマス・ソングを歌ったという。

クリスマス・イヴに、パパが肉を切り分け、ママが焼いたケーキをみんなで食べる、それが夫の夢だった。お祭り好きな私は、一九年間、夫が夢に描いたとおりのクリスマス・イヴをプレゼントしてきた。今年から夫は、独りのイヴを過ごすことになる。

夫に対しては、土砂降りのなか、捨てられている子猫を見て見ぬふりをして通り過ぎるような罪悪感がある。でもこの子猫を拾って家に帰ったら、子猫はたちまちトラになって家じゅうの人間を食い殺すのはわかっているから拾えない。

夫が変わる可能性はほとんどないらしい。専門家が言うのだから、まちがいないだろう。でもここまで奇跡が続いた私なら、そのわずかな奇跡を手に入れられるのでは、という思いがあった。

調停が終わって数日後、私はふたたび心療内科を訪れた。

慰謝料なし、貯金の分配なし。家は半分私が買い取り、子どもの親権は私に、との結果に、医師は不満そうだったが、「ま、あなたが納得しているのなら」と言った。

「来週から子どもたちを連れて東京ディズニーランドに行くんです」と言うと、医師は「ディズニーランドかぁ」とくるりと椅子を回転させた。「日の出桟橋からね、船が出てるんだよ。その船から見る日の出が、とてもきれいなんだ」

医師は、窓の外を眺めた。視線の先をたどると、大きなポプラの木が見えた。枝には、夕陽に赤く染まった葉がゆらゆらと揺れていた。

初めてこの部屋に来た時、自分には、この世の春など永遠にやって来ないと思っていた。絶望を希望に変えるきっかけをつくってくださったのは、ほかでもない、この先生だった。私は、この人が美しいと言う日の出を、いつか見てみたいと思った。

離婚して一番うれしかったのは、ママ友から言われた「真太郎、ものすごく明るくなったね。まるで別人みたい」という一言だった。彼は今までの失われた年月を取り戻そうとしているかのように青春を謳歌《おうか》していた。

母子三人、憧れの楽園へ

半年後——。

常夏の島に子どもたちと来ていた。

遠いようで近い島、ハワイ。私がずっと行きたいと思っていた場所だった。ひとり旅は慣れているが、ハワイは友人や家族とワイワイ騒ぎながら来る場所という印象があるので来たことがなかった。子どもたちにとっては初めての海外旅行だった。

お金がないのに無理やり計画をたてたから、節約倹約で大名旅行にはほど遠い。離婚後、整理した家のなかで売れる物は全部ネットオークションにかけて売った。

区切りをつけたくて、近所の神社の神主さんにお願いしてお祓《はら》いをしてもらったが、取り分けておいた祈禱《きとう》料のほかに、「お酒を一升用意しておいてください」と言われて困った。給料日前の私の財布には小銭が数枚しかなかった。あちこちの引き出しを開けて探すと、ビール券が二枚出てきた。私はそのビール券に頬ずりし、お酒と交換した。

この旅行のため、半年間、ギリギリの生活をしてきた。キャベツは芯まで食べ、コートは手洗いした。そして縮ませた。トイレは水洗の元栓を止め、ドアの前に、風呂の残り湯を入れたバケツを並べ、水洗用として使った。雨の降る日には軒下にバケツを並べて雨水を溜めた。それはトイレや草花に散水するための大事な水だった。

そして、とうとうやって来た。

ダイヤモンドヘッドを真正面に望む部屋を幸運にも割り当てられ、さわやかな潮の香りの混じった風が入ってくるよう窓を開けた。

ホテルの名は「ワイキキ・バニアン」。夫と暮らしていたころ、本屋に山積みされていた旅行雑誌を買ってきて眺めたことがある。「フルキッチンがついているからロコ気分で料理が楽しめます」「寝室が二部屋で広々」「ラナイからの景色もバツグン」

へえ、ベランダって言わないで、ラナイって言うんだ。

その時私は初めて知った。行ってみたいと思っても、それは永遠に不可能なことだと思っていた。夫は海外旅行なんかには絶対に行かない。自分が行かない所に妻子だけ行かせるようなことはしない。私は小さくため息をついて、その写真に見入っていた。

その景色が目の前にある。

夜、風が涼しくなったラナイに出て、ひとりで缶ビールを飲んだ。正面にあるダイヤモンドヘッドは闇のなかでシルエットとなり、静かに横たわっていた。左手の山の中腹からは裾野にかけて、家々の小さな光がミルキーウェイのように広がっていた。

「ここに来れたよ」

夢でしかなかったこの場所へ、来れたよ。

私は「自由」という名の空気を胸一杯に吸い込んだ。

「ママ、早く来て！」

香子の呼ぶ声がする。私はバドワイザーの缶を持ち上げて、子どもたちが待っている部屋へもどった。常夏の島の風を残して――。

付録――モラハラ加害者の特徴

・家のことはすべて自分中心に回らなければならないと思っている

家族の予定は無視。自分の欲求のみを押しつける。また、自分の欲求はほのめかすだけできちんと言わない。家のすべてを支配し、言うことを聞かせるために、長期間無視したり、妻の作る料理をわざと食べないなどの嫌がらせをする。暴力は伴《ともな》わない。

・人と比べて自分がいかに優れているか自慢する

いかに自分が有能であるか、人から尊重されているか、どんな小さなことも取り上げて自慢する。同調し、褒《ほ》めてやらないと不機嫌になる。

・人を利用することを何とも思っていない

他人に対する評価基準は、自分にとって、その人が利用できるかできないかだけである。利用できない人間は相手にしない。利用できなくなった人間は冷たく捨てる。だが自分は人に利用されたくない。妻のことは使い減りしないモノとしか思っていないので、妻はさんざん働かされる。

・人の痛みに鈍感だが、自分の痛みは大げさに表現する

家族が病気になっても無関心、あるいは本人の自己管理が悪いと怒る。しかし自分が病気になると大騒ぎをする。人から言われた言葉に「傷ついた、傷ついた」と大げさに叫ぶが、自分に何か悪いところがあったのではないか、ということは全然考えない。

・嫉妬心が強く、人の行動を制限したり、チェックしたりする

親兄弟や友人に会うことを妨害したり、しつこく電話して在宅を確認したりする。

・話し合いを拒否する。たとえ話し合いをしても、つねに自分が正しいという態度で、都合が悪くなると話を過去にもどしたりして巧みにごまかす

たとえば、「自分が浮気をしたのはお前が妻としていたらないからだ」と前置きし、家事の不出来や子どものしつけがなっていないなどといった関係のない話をもちだして、悪いのは妻だと思わせる。妻は「あなたに浮気をさせてしまってごめんなさい」とまで言ってしまう（実話）。加害者は相手に罪悪感をもたせる天才である。

・平気で嘘をつく

平気で嘘をつく。嘘がバレると、「自分はそういう意味で言ったのではない。お前の勘違いだ」などと言ってごまかす。自分のついた嘘を本当だと信じていることも多い。自分が正しく他人が間違っているようにし向けるためには、どんな嘘でもつく。

・二面性がある

外面《そとづら》がよく、家の外では法や常識を遵守し、人に優しく世界じゅうの人を愛しているかのように振る舞うが、一歩家に入るとガラリと性格が変わる。親兄弟にさえ「外の顔」を見せる。本当の顔を見せるのは妻子だけで、決して他の人からはわからない。

・勝ち負けにこだわる

どんな小さなことにも勝たなければならない。勝つために事実をねじ曲げたり、恫喝《どうかつ》したり、あらゆる手段を使って「私が悪かった、間違っていた」と相手に言わせる。

・モラ夫はケチ夫

モラ夫はケチである。他の人からそうとは見えないかもしれない。なぜなら、彼は自分の好きなことや好きな人（自分を好きになってほしい人）には大盤振る舞いするからである。また、自分の親、親戚、友人には気前よく使うお金が、自分の妻子にはもったいないと感じている。

・人に共感できない

人の喜び、痛み、苦しみに共感することができない。妻も病気になったり、疲れたり、時間は同じように二四時間しかなかったり、同時に二ヵ所に存在できないことが理解できず、具合が悪かろうが、ほかに用事があろうが、自分の要求に応じさせる。

・子どもを利用する

妻を思うように支配できない場合は、代わりに子どもをいじめたりする。また、子どもの前で妻を怒鳴りつけたり、悪口を吹き込んだりして子どもを洗脳する。

・大切な物を捨てたり、ペットをいじめたりする

妻が大事にしている物を適当な理由をつけて捨てたり、かわいがっているペットをいじめたりする。自分のしたことで妻が悲しそうな顔をすると、自分がとても大きな力をもっているように感じるからである。

・妻が不機嫌なのは嫌い

モラ夫は妻が不機嫌なのは許さない。妻たる者は、いつも明るく朗《ほが》らかに家族に接しなければならないと思っている。妻の横っ面をはり倒しながら「なぜ怒るんだ」と言っているようなものである。モラ夫の頭のなかではこれが矛盾せずに存在している。妻は（心を）殴られても蹴られても、ニコニコと笑って立ち上がらなければならない。

・食事にうるさい

食事に対して異様に執着する。内容はもちろんのこと、それを作るのに妻がどれだけ気を配ったかを重んじる。手抜きは許さない。

・健康マニア

モラ夫が一番怖いのは「死」である。だから、ふだんは「俺はいつ死んでもいい」と言いながら、せっせと健康グッズを買いそろえ、健康番組をチェックする。人間ドックにも毎年入り、自分の健康状態を家族が心配しないと腹を立てる。

・冠婚葬祭が好き

大勢の人が集まる冠婚葬祭は、モラ夫の晴れ舞台。忙しく立ち回り、いかに自分が儀式に精通しているかを自慢する。出された料理を品評し、花嫁衣装の値踏みをする。形式張ったことが大好きで、省略は許さない。ただし省略することで自分が得をするならば、適当な理由をつけて略す。

・人にものを聞くのが嫌い

モラ夫は自分が世界で一番偉いと思っているので、誰かに教えてもらったりするのが大嫌いである。結果、積極的に何かに挑もうとすることが少ない。やって失敗するくらいなら最初からやらない。そしてやらないことについて理屈をつけて自己弁護する。あとから（もうできないのが決定してから）「あの時やっていたらできていたのに」と、負け惜しみを言う。その反面、人に教えるのは大好きである。

・言葉で冒瀆《ぼうとく》する

モラ夫は相手が「絶対人には言われたくないこと」を探り出す天才である。そしてその部分を徹底的に言葉で攻撃する。「お前みたいなだらしない女はいない」「バカか」「どんな育ち方をしたんだ」「それでも母親か」などと相手の弱いと思う部分を集中的に攻撃する。相手は言い返せばモラハラが始まるので黙って聞くしかない。その攻撃は妻が「すべて私が悪かった」と言うまで何時間でも続く。自分が傷つきたくなかったら何も言わずに黙って従うことを妻はここで学習する。

・自己紹介する

前項の「言葉で冒瀆する」というのは、モラ夫自身のことかと思える場合が数多くある。「本当にお前というヤツは使えないな〜」「頭が悪いんじゃないか？」「すぐウソをついて責任逃れするよな」などと言われた時、「それって全部自分のことじゃないか」と思えることがある。モラ夫はこうして他人を鏡のように使って自分のイヤな部分を言い表す。これを「モラ夫の自己紹介」（投影同一視）と言う。

・いつも怒っているわけではない

何週間も口をきかないというのは、日数にすればそれほどのことではない。ふだんは外にいる時と同じように冗談を言い、子どもと一緒にゲームに興じる普通の父親である。プレゼントを買ってきたり、いたわりの言葉をかけてくることもめずらしくない。だから妻は、夫がじつはいい人で、自分のせいで怒らせてしまったのではないかと思う。「なぜ離婚しないの？」と聞かれると「悪い人ではないのよ」と言ってしまう。それはドメスティック・バイオレンスで言われる、ハネムーン期↓緊張期↓爆発期のサイクルととてもよく似ているが、すべてのモラハラ家庭にあてはまるとは言えない。

・レポートを書かせる

小言の後に「反省文を書け」「レポートを出せ」と妻に命じることがある。モラ夫はこうすることで、自分が相手よりも上の人間だと思い込ませたいのである。

・おだてに弱い

ヨイショされると木でも天でものぼるので、「なぜこんなバカな誘いに乗るのか」というような話に簡単に飛びつく。

これらの項目を見ていくと、誰でもいくつかは、自分の夫にも当てはまると思われることがあるだろう。内の顔と外の顔がまったく一緒という人などいないし、仕事上の自慢話を毎晩している人だって少なからずいると思う。

では、モラ夫との違いは何か。それは、モラ夫は、その態度によって、自分の家庭を、妻や子どもの心を破壊するところに決定的な違いがある。

自分の欲求が通らなければ怒鳴りつけ、無視、無言を長期間続け、物に当たり散らし、体じゅうで「俺は怒っている」という、どす黒いオーラを放つ。家族はそばに寄ることもできない。ましてや話しかけることなど不可能である。

モラハラの最大の特徴は、以上のような方法で相手を支配し、自分の思いどおりに操ることである。「サイレントモラ」という、怒鳴ることも大きな音を立てることもなく、静かに静かに相手を取り込み、自由自在にコントロールするタイプもいる。妻はその状況を素早く読みとり、相手が何を望んでいるかを察知し、速やかに望みどおりのことを実行するようになる。夫は眉《まゆ》ひとつ動かすことなく、妻を操縦する。そして妻は、モラハラをされないよう、どんなことでもしてしまうようになるのである。

おわりに

本書の原稿を書き始めたのは、二〇〇三年二月のことです。離婚調停の資料として家裁へ提出するため、夜、ひとりでキーボードを叩いたのが最初です。

寒い夜、私は言葉を見つけようと脳内を探すのですが、たしかにあったはずの記憶を見つけることができず、キーを叩く指を何度も止めました。深い霧に包まれたというよりも、その部分だけかっきりと切り取られたように記憶がないのです。その記憶は、鉛の壁をもつ部屋に閉じこめられ、私が入ることを拒んでいました。記憶を探すためにその部屋に入ったならば、たちまち私の自我が崩壊してしまうような気がして、怖くてドアを開けることができませんでした。

部屋のなかには、夫の脆《もろ》い〈自己〉を守るため、感情のゴミ箱になった私がいます。人間として認められず、ひたすらに夫に傅《かしず》き、許しを請い、服従する自分の姿を直視しなければなりません。その惨《みじ》めさ、その情けなさ。ふつう、それを認識したならば、同時に怒りの感情が噴き上がり、泣いたり怒鳴ったりするものですが、私にはそれがありませんでした。私はその負の感情をもたないまま、一足飛びに次のステップに行ってしまいました。私がその場所にあっという間に行けたのは、本文にあるとおり、たくさんの人たちの善意や励ましがあったからにちがいありません。

その時書いた原稿は、パソコンのハードディスクのなかに奥深くしまわれたまま、四年が過ぎていました。

モンゴメリが『赤毛のアン』を書いて屋根裏部屋にしまっていたのを、ある日偶然見つけ、自分が書いたそれを笑い、泣きながら読んだように、昨年六月、私も未完成の原稿に更に加筆を始めていました。発表するのが目的ではなく、私が過ごした一九年と数ヵ月の結婚生活と、モラハラを知ってから離婚するまでの半年間を記録として残すために、夜、ポツポツと加筆し始めて一週間後、突然、講談社の吉田みさとさんから「モラハラについて書きませんか」とのお誘いを受けました。

モラハラを知る前は、世の具象のすべては科学で解決できると豪語していた私ですが、モラハラ後は大きく考えを転換させました。「この世は、人間の力ではどうにもできない不思議な必然で満ちあふれている」。モラハラ禍《か》を乗り越え、五年間、インターネットのサイトを続けた私が出した結論です。

どんなに科学が発達し、銀色のスーツを着て空を縦横無尽に飛べるようになっても、モラハラはなくならないでしょう。人は本能的に弱い者をいじめ、ほんのかすかでも優越感をもつことで精神の安定を得ようとします。その具体的な行為を掲示板やメールで読むたびに、人間とはかくも傲慢で、残虐な生き物なのかと震撼《しんかん》させられます。私たちは神から与えられたこの黒い十字架を背負いながら、本当の幸せとは何かを探し続けなければならないのかもしれません。

「モラル・ハラスメント」という言葉が生まれたことにより、それはどんな人の心のなかにも存在するものなのだと私たちは知りました。この混沌とした社会のなかで、ひとつの言葉が生まれたことで、大きく生き方や考え方を変える人たちがたくさん出てきました。

パンドラが開けた箱のなかには、希望のほかに、モラル・ハラスメントという言葉も残っていたのかもしれません。

私が体験した出来事を読んで被害者の方が元気になってくれればいいなと、この本を世に出すことにしました。

お読みになったとおり、私はとても恵まれた環境のなかで幸運な離婚をすることができました。この離婚で、一番身近にいて私を支えてくれたのは、父でした。元酒乱の父は、怒りの感情を夫や夫の親族にぶつけることなく、怒鳴ることもなく、淡々と離婚の話し合いを進めてくれたのです。その結果、父の株もぐっとあがり、家庭内で父は一目置かれるようになりました。今の父は、まるで仏様のようです。

たくさんの人が私の手を握り、肩を抱き、一緒に涙を流し、がんばってねと励ましてくれました。そしてある日、私のなかに変化が起こりました。「世の中のすべてのものを愛したい」「すべてのものを慈《いつく》しみたい」「すべてのものに感謝したい」そんな感情が湧き上がったと同時に、明るい太陽がさんさんと降り注いできたのです。「罪を憎んで人を憎まず」という言葉を、私はそれまで理解できませんでした。でも今はできます。以前の私にとっては、「罪」と「罪を犯した人」はイコールでしたが、今は「罪」と「人」は別々です。夫に対しても憎しみはまったくありません。

同じように温かい家庭を知らずに育った二人が、片方は加害者となり、もう片方は被害者になってしまった。それはまるで宇宙の法則のようにも見えます。自分がモラハラの被害者であったからこそ、同じ痛み、苦しみを味わっている人たちに思いをはせ、手をさしのべることができたのだと思います。

　誰からも理解してもらえず、逆境のなかで、ひとり悩んでいる方を少しでも助けるお手伝いができるなら、それが与えられた幸運に対するお返しだと私は思っています。

「モラル・ハラスメント被害者同盟」を応援してくださるみなさま、そして出版するチャンスをくださった講談社のみなさま、生活文化第二出版部部長の村井浩氏、不思議なご縁で一緒に仕事をすることができた編集者の辻佳代乃さん、そして『Ｑ＆Ａ　モラル・ハラスメント』に引き続き多大なご協力と温かい励ましをいただいた東北大学大学院教授の水野紀子先生、弁護士の橋本智子先生、心理カウンセラーの谷本恵美先生、ライターの矢田りつ子さんに心から感謝いたします。

　たくさんの被害者のみなさんへ私から、勇気と希望のオーラを送ります。

著者

参考文献＆サイト

「こころのサポートセンター・ウィズ」　http://www5a.biglobe.ne.jp/~with3/
『モラル・ハラスメント』　マリー＝フランス・イルゴイエンヌ著　高野優訳　紀伊國屋書店　１９９９年
『モラル・ハラスメントが人も会社もダメにする』　マリー＝フランス・イルゴイエンヌ著　高野優訳　紀伊國屋書店　２００３年
『Ｑ＆Ａ　モラル・ハラスメント』　橋本智子、谷本惠美、矢田りつ子、熊谷早智子、水野紀子共著　明石書店　２００７年
『平気でうそをつく人たち』　Ｍ・スコット・ペック著　森英明訳　草思社　１９９６年
『毒になる親』　スーザン・フォワード著　玉置悟訳　講談社+α文庫　２００１年
『良心をもたない人たち』　マーサ・スタウト著　木村博江訳　草思社　２００６年
『夫の言葉にグサリときたら読む本』　パトリシア・エバンス著　水澤都加佐訳　ＰＨＰ研究所　２００４年
『こころの暴力　夫婦という密室で』　イザベル・ナザル＝アガ著　田口雪子訳　紀伊國屋書店　２００１年
『ねぇ、パパこっち向いて』　水野渚著　東洋出版　２００３年

『離婚裁判』 荘司雅彦著 ※付録「モラル・ハラスメントについて」熊谷早智子 アメーバブックス 2006年
『妻が得する熟年離婚』 荘司雅彦著 朝日新書 2006年
『男と女の法律戦略』 荘司雅彦著 講談社現代新書 2004年
『男と女の離婚格差』 石坂晴海著 小学館 2007年
『虐待と離婚の心的外傷』 棚瀬一代著 朱鷺書房 2001年
『泣いてもいい、人間ひとりじゃない』 下平雅子著 講談社 2002年
『ココ、きみのせいじゃない――はなれてくらすことになるママとパパと子どものための絵本』 ヴィッキー・ランスキー著 中川雅子訳 太郎次郎社エディタス 2004年
『モラル・ハラスメント――普通の結婚生活がわからなかった』 北風めい著 新風舎文庫 2005年
『くたばれバカ旦那! ――モラハラ夫との8年間の闘い』 桃猫著 太陽出版 2006年
『こんなオトコ要らねぇ!!』 箱ミネコ著 マガジンランド 2008年
『パーソナリティ障害(人格障害)のことがよくわかる本』 市橋秀夫監修 講談社 2006年
『パーソナリティ障害』 岡田尊司著 PHP新書 2004年
『あなたの身近な「困った人たち」の精神分析』 小此木啓吾著 新潮OH!文庫 2000年
『人格障害とは何か』 鈴木茂著 岩波書店 2001年
『本当は「心に怪物を飼う」普通の人たち』 小田晋著 ぶんか社 2002年

『満たされない自己愛』　大渕憲一著　ちくま新書　２００３年
『知らずに他人を傷つける人たち』　香山リカ著　ベスト新書　２００７年
『辛さに耐える心理学』　加藤諦三著　ＰＨＰ研究所　１９９０年
『いじめに負けない心理学』　加藤諦三著　ＰＨＰ研究所　１９９９年
『なんで子どもを殺すの？』　猪熊弘子著　講談社　２００７年
『とんでもない母親と情ない男の国日本』　マークス寿子著　草思社　１９９９年
『家族依存症』　斎藤学著　新潮文庫　１９９９年
『家族収容所』　信田さよ子著　講談社　２００３年
『虐待とドメスティック・バイオレンスのなかにいる子どもたちへ』　チルドレン・ソサエティ著
　堤かなめ監修　アジア女性センター訳　明石書店　２００５年
『〝It《それ》〟と呼ばれた子　幼年期』　デイヴ・ペルザー著　田栗美奈子訳　ヴィレッジブックス　２００２年
『〈私〉はなぜカウンセリングを受けたのか』　東ちづる、長谷川博一共著　マガジンハウス　２００２年
『アダルトチルドレンと共依存』　緒方明著　誠信書房　１９９６年
『ＤＶにさらされる子どもたち』　ランディ・バンクロフト、ジェイ・Ｇ・シルバーマン共著　幾島幸子訳
　金剛出版　２００４年
『弁護士が説くＤＶ解決マニュアル』　日本ＤＶ防止・情報センター編　長谷川京子、佐藤功行、可児康則
　共著　朱鷺書房　２００５年

熊谷早智子
2人の子と暮らすシングルマザー。結婚直後から夫による精神的暴力を受け続け、結婚19年目に「モラル・ハラスメント」の概念をインターネットで知る。夫の長年の行為がモラル・ハラスメントであったと判明。その半年後、調停を経て離婚。2003年よりポータルサイト「モラル・ハラスメント被害者同盟」を管理運営し、夫の精神的暴力に苦しむ妻たちの支援や情報提供等の活動を続けている。
著書には『母を棄ててもいいですか？　支配する母親、縛られる娘』、共著に『「モラル・ハラスメント」のすべて』(ともに講談社)がある。
●モラル・ハラスメント被害者同盟
http://www.geocities.jp/moraharadoumei/

講談社＋α新書　400-1 A
家《か》庭《てい》モラル・ハラスメント
熊谷《くまがい》早《さ》智《ち》子《こ》
2008年5月20日第 1 刷発行
2018年6月 4 日第10刷発行

発行者――渡瀬昌彦
発行所――株式会社 講談社
東京都文京区音羽2-12-21 〒112-8001
電話 編集(03)5395-3522
販売(03)5395-4415
業務(03)5395-3615
編集協力――辻佳代乃
デザイン――鈴木成一デザイン室
カバー印刷――共同印刷株式会社
印刷――慶昌堂印刷株式会社
製本――牧製本印刷株式会社
本文データ制作――講談社デジタル製作

ISBN978-4-06-272503-3